四川大学革命英烈丛书

四川省2020—2021年度重点图书出版规划项目

大革命中的川大英烈

彭明晶传

张仁枫　谢　念　彭自襄◎编著

四川大学出版社
SICHUAN UNIVERSITY PRESS

图书在版编目（CIP）数据

大革命中的川大英烈：彭明晶传 / 张仁枫，谢念，
彭自襄编著 . -- 成都：四川大学出版社，2024. 8.
（四川大学革命英烈丛书）. -- ISBN 978-7-5690-7255-6

Ⅰ. K827=6

中国国家版本馆 CIP 数据核字第 202456DP44 号

书　　名：大革命中的川大英烈：彭明晶传
　　　　　Dageming zhong de Chuanda Yinglie: Peng Mingjing Zhuan
编　　著：张仁枫　谢　念　彭自襄
丛 书 名：四川大学革命英烈丛书

出 版 人：侯宏虹
总 策 划：张宏辉
丛书策划：庞国伟　王　军
选题策划：宋彦博
责任编辑：宋彦博
责任校对：吴连英
装帧设计：墨创文化
责任印制：李金兰

出版发行：四川大学出版社有限责任公司
　　　　　地址：成都市一环路南一段 24 号（610065）
　　　　　电话：（028）85408311（发行部）、85400276（总编室）
　　　　　电子邮箱：scupress@vip.163.com
　　　　　网址：https://press.scu.edu.cn
印前制作：四川胜翔数码印务设计有限公司
印刷装订：成都金龙印务有限责任公司

成品尺寸：170mm×240mm
印　　张：8
字　　数：117 千字

版　　次：2024 年 11 月 第 1 版
印　　次：2024 年 11 月 第 1 次印刷
定　　价：42.00 元

扫码获取数字资源

四川大学出版社
微信公众号

总　序

　　习近平总书记指出："知史爱党，知史爱国。"为庆祝中国共产党成立100周年，在全党开展党史学习教育和在全社会开展党史、新中国史、改革开放史、社会主义发展史宣传教育之际，四川大学组织编写了"四川大学革命英烈丛书"，并由四川大学出版社正式出版。这是四川大学认真讲好川大故事红色篇章、积极创新红色文化教育载体的重要举措之一，也是四川大学献礼中国共产党成立100周年的重要成果之一。

　　在中国共产党的领导下，在青春如火的锦江之滨、明远楼前，在风云激荡的望江楼畔、华西坝上，无数四川大学的革命师生坚持"与人民同甘苦，与祖国同命运，与时代同呼吸，与社会同进步"，将永恒的红色基因融入了每一个川大学人的血脉和灵魂之中。其中，"红岩精神"的代表、"中华儿女革命的典型"江竹筠烈士等80多位校友为民族独立、国家解放和人民幸福献出了自己宝贵的生命，他们是四川大学历久弥新的川大精神的力行者和见证者，是四川大学生生不息的红色基因的创造者和传播者。

　　四川大学是四川保路运动和辛亥革命在四川的重要发生地，是新文化运动和五四运动在四川的主要策源地，是四川乃至全国马克思主义早期传播的重要发源地，也是抗日救亡和爱国民主运动在四川的坚强根据地。1920年冬，学校师生成立了四川最早以研究和宣传马克思主义为主要任务的革命群众组织——马克思读书会。1922年2月，学校师生主编的《人声》报是四川第一份公开宣传马克思主义的报纸。1922年春和1923年夏，学校师生组织成立的四川社会主义青年团和中国共产党成都独立小组是四川最早的共产主义党团组织。以学校师生为骨干的中华民族解放先锋队成都队和"成都民主青年协会"等是在中国共产党领导下的四川抗日救亡和爱国民主运动的中坚力量。中共四川大学党总支是国民党统治区最大的基层党组织之一，经常活动的共产党员有120余名。开国大典上，与毛泽东主席一起登上天安门城楼的就有朱德、吴玉章、张澜和郭沫若四位四川大学校友。

长期以来，四川大学坚持立德树人根本任务，服务人才培养首要任务，充分发挥学校特色优势，深入挖掘校园红色资源，大力弘扬以江姐精神为代表的革命先烈精神，用生动鲜活的红色文化滋养着一代又一代川大学子。近年来，特别是党的十八大以来，四川大学党委高度重视红色文化教育，将其贯穿于学校发展各方面和人才培养全过程，重点建设了"江姐纪念馆暨四川大学革命英烈事迹陈列馆""学习书屋""江姐精神专题数据库"等一批红色文化宣传展示平台，率先推出了话剧《待放》、舞台剧《江姐在川大》、主题文艺晚会《江姐颂》等一批红色文化教育艺术作品，积极打造了"江姐班""竹筠论坛""川大英烈一堂课""青年红色筑梦之旅"等一批红色文化教育品牌，取得了丰富的教育成果，产生了良好的育人效果和社会效益。

习近平总书记指出，"中国革命历史是最好的营养剂"。站在历史的交汇点上，站在发展的交接点上，站在新时代的新起点上，在"四川大学革命英烈丛书"正式出版之际，全校师生员工要进一步厚植中华优秀传统文化，弘扬革命文化，发展社会主义先进文化，凸显四川大学人文社会科学的学科优势，积极打造"中国共产党在四川大学"等红色教育品牌，进一步深化红色文化教育的内涵，丰富红色文化教育的形式，增强红色文化教育的实效。

"四川大学革命英烈丛书"编写组
2021年6月

目 录

上编　大革命中的川大英烈：
　　历史回顾与现实启示

　　五四运动之后，国内革命热情高涨，不仅在北京、上海等地爆发了声势浩大的工人运动，在四川及其周边地区也爆发了一系列针对帝国主义、地方军阀和封建势力的武装斗争。1924 年，中国共产党与国民党开启第一次合作，共同推进国民革命。1927 年，蒋介石公开反共并发动四一二反革命政变，国共合作宣告破裂。党史上称这段时间为"国民革命"或"大革命"时期。

　　大革命的中心主要在北京、上海、武汉等大城市。四川处于中国西部，并不在革命的中心地带，但由于地方军阀残酷的军事镇压和封建势力对川内广大人民群众的大肆欺压，四川的革命热情和反抗力量丝毫不逊于东部大城市。作为我国西南重镇，成都也是大革命时期的重要阵地，以王右木、吴玉章、恽代英等为代表的革命先辈在此大力宣传马克思主义，开展群众运动，为撼动地方军阀势力、巩固革命成果做出了历史性贡献。1919 年五四运动之后，特别是 1921 年中国共产党成立后，川大师生的思想异常活跃，革命运动如火如荼。大革命时期，川大师生对地方军阀发起了声势浩大的反抗斗争，并通过开展各种各样的活动，推动四川地区社会进步和学校的发展。

一、川大师生参加大革命的历史回顾

四川大学的前身国立成都高等师范学校、国立成都大学、国立成都师范大学、公立四川大学、华西协合大学①等都是大革命时期成都地区的重要革命阵地。川大师生积极宣扬马克思主义理论，组建了多个革命组织，创办各种进步刊物，先后涌现了以王右木、吴玉章、恽代英、张澜、杨闇公、彭明晶、袁诗荛等为代表的革命斗士，其中一些师生在大革命时期英勇牺牲，展现了学校师生为国捐躯的革命初心。

（一）积极建立校内党、团组织，开展各类活动

随着中国共产党在各地活动的开展，在西南地区党组织的推动下，川大师生依托学校建立起了地区性中共、社青团②组织，并在校内建立了地方组织下属的校内基层党、团组织。在四川早期党组织创建者王右木的带领下，1923年上半年，社青团成都地委已在校内外建立了10个支部，学校各个部分也都有了基层社青团支部。1925年开始，校内基层党组织也纷纷组建。

随着国共合作的建立和北伐战争的胜利，川大师生的革命运动逐渐步

---

① 国立成都高等师范学校由四川省城高等学堂（时名四川官立高等学校）与四川通省师范学堂（时名四川高等师范学校）于1916年合并而成；1926年，国立成都高等师范学校一分为二，成立国立成都大学和国立成都高等师范学校，后者于1927年升格为国立成都师范大学；1927年，四川公立法政专门学校（前身为四川通省法政学堂）、四川公立农业专门学校（前身为四川通省农政学堂）、四川公立外国语专门学校（前身为四川通省藏文学堂）、四川公立工业专门学校（前身为四川通省工业学堂）、四川公立国学专门学校（前身为四川存古学堂）合并组建为公立四川大学；1931年，国立成都大学、国立成都师范大学和公立四川大学三水汇流，组成国立四川大学，新中国成立后改名四川大学；华西协合大学于1910年建立，是华西医科大学的前身，于2000年与四川大学合并组建成新的四川大学。为便于叙述，在无特别说明时，书中将不同时期的四川大学前身统称为"川大"。

② 中国社会主义青年团，简称社青团，1925年1月改称中国共产主义青年团。

入高潮。其中一个重要的标志就是校内党、团基层组织的壮大和进步社团的发展。

　　1924 年秋，时任国立成都高等师范学校校长傅振烈以大学部的名义招收了第一届预科生，其中就不乏中共党员和社青团员。1925 年前后，学校吸收了一批经历过"五卅"反帝爱国运动考验的人入党。此后，经上级批准，何志远负责组建了学校最早的基层党组织。[①] 1926 年，学校团支部也在预科生中发展了一批在大革命浪潮中涌现出的积极分子入团。到了 1926 年下半年，国立成都大学从国立成都高等师范学校中分离出来独立办学，此时属于国立成都大学的学生中已有十几名团员，于是国立成都大学便成立了共青团国立成都大学支部，由李正恩任书记。[②]

　　正当校内党、团组织迅速发展的时候，重庆发生"三三一"惨案，成都的政治形势也随之逆转。为了适应斗争新形势的需要，1927 年 4 月，中国共产党成都特别支部委员会（简称"中共成都特支"）决定共青团国立成都大学支部团员全体转党，正式建立中共国立成都大学支部，支部书记由李正恩改任[③]，并由中共成都特支书记刘愿庵于 4 月 13 日在岳府街铁路公司召集的成大团员大会上宣布。同年 7 月，李正恩被四川省会军警团联合办事处非法逮捕，遂由钱芳祥代任中共成都大学支部书记。[④]

　　1927 年秋，国立成都大学因基础稳固，便扩大招生，新生中又转来一批党员、团员。这时，全校党员已有 23 人。鉴于党员人数大增，中国共产党川西特别委员会（简称"中共川西特委"）决定将中共国立成都大学支部扩大为特支，由钱芳祥担任特支书记，特支下分三个小组。特支是相当于中心县委（地委）一级的基层党组织，能在国立成都大学设立特支，说

---

　　① 参见《四川党史研究资料》总第 55 期，同时参考贾铨、苏友农、李保鲁、廖友陶等的回忆录。

　　② 同上。

　　③ 同上。

　　④ 同上。

明该校党组织的力量是相当强大的。国立成都大学是大革命时期四川地区唯一设立特支的高等学校。[①]

由于全体团员转党，国立成都大学原有的共青团支部已不复存在。为了把新生中的十余名团员组织起来，经中共国立成都大学特支报上级后决定，重新恢复共青团国立成都大学支部，由程自鹏任书记。随后，共青团国立成都大学支部又陆续吸收了十余人入团，团员人数达20多人。鉴于共青团国立成都大学支部规模的扩大，经上级同意，也将其扩大为特支。国立成都大学党、团特支建立以后，又陆续发展了一批党、团员，人数各达30余人。

此外，国立成都师范大学在国立成都高等师范学校时期已有团支部。其中就有于1928年担任中共成都师大支部书记的英烈苟永芳[②]。他于1926年夏考入国立成都高等师范学校英语部，离校后曾担任中共川东特委书记、共青团四川省委宣传部部长和中共四川省委组织部部长。1933年冬，苟永芳因叛徒出卖被捕，在狱中英勇不屈，于1934年1月牺牲在了成都东较场。

自1923年起，国立成都师范大学附属中学（简称"师大附中"）也一直都有共青团的基层组织。中共川西特委宣传部部长袁诗荛任教务主任（相当于校长）时，校内已有多位团员。其中，杨国杰烈士在校内入党，并担任了成都市"反帝大同盟"主席。1930年7月24日，杨国杰不幸被捕，8月15日被四川省会军警团联合办事处枪杀在春熙路孙中山铜像前。[③]

作为公立四川大学前身的五大专门学校，在1923年上半年，除四川公立国学专门学校外均成立了社青团基层组织。1927年，五大专门学校合并为公立四川大学后各学院都有党支部。其中，法政学院的支部书记是于

---

① 参见《四川党史研究资料》总第55期，同时参考贾铨、苏友农、李保鲁、廖友陶等的回忆录。

② 同上。

③ 同上。

1928 年牺牲于成都下莲池的烈士龚堪慎。

可以说，川大各部分党、团组织的建立和发展，使校内的革命活动逐渐步入高潮，为大革命时期轰轰烈烈的反帝反封建运动创造了条件。

党、团组织的建立和发展，促进了校内进步社团的建立。国立成都大学的"社会科学研究社"、国立成都师范大学的"导社"、公立四川大学法政学院的"共进社"以及师大附中的"新青年革命团"等进步社团相继建立，在当时成都地区由党领导的著名八大"赤色团体"中占据四席①。学校党、团组织主要通过这些进步社团来开展活动。

社会科学研究社　1925 年 5 月，在声援五卅运动的革命斗争中，国立成都大学进步学生深感建立革命组织的必要，便在校内发起成立了以研究社会科学为名，以中共党员、共青团员为核心的进步团体——"社会科学研究社"（以下简称"社科社"）。该社的宗旨是打倒帝国主义，打倒军阀，实行民主革命。"社科社"名义上直属国民党左派成都市外南十六区分部，实际上是由中共成都特支直接领导。该社的主要负责人李正恩、钱芳祥等都是学校中共党、团组织的负责人。

"社科社"自建立起，发展迅猛，到 1927 年大革命失败前夕，社员已达二百多人，成为校内最大的社团。该社团还从校内发展到了校外，在四川公立农业专门学校、彭县（今彭州市）都设有分社。

"社科社"的主要活动方式是组织社员学习马列著作，宣传马克思主义。《共产主义 ABC》《唯物史观浅释》《资本论》《帝国主义浅说》《中国青年》《响导》等，是每个社员必读的书刊。而随着全国革命形势的变化，"社科社"学习的侧重点也会有所不同。

为了进一步宣传马克思主义，扩大其在同学中的影响，"社科社"在 1926 年 1 月创办了《野火》周刊。该周刊的名称源自白居易的诗句"野火

---

①　参见中国人民政治协商会议四川省成都市委员会文史资料研究委员会编《成都文史资料选辑》第 7 辑，内部资料，1984 年；同时参考贾铨、苏友农、李保鲁、廖友陶等的回忆录。

烧不尽,春风吹又生",其内容则主要是宣传反帝反封建的革命主张。《野火》周刊的出版得到了校长张澜的支持,每月由学校补贴出版费50元。同时,受成都党组织委托,"社科社"还创办了《四川学生》周刊,在《新川报》副刊上借地出版,共出版了数十期。

此外,"社科社"还积极参加校内外反帝反军阀运动。1926年,万县"九五"惨案发生后,"社科社"组织全校同学声援,配合全市掀起了轰轰烈烈的反帝爱国运动。1927年,重庆"三三一"惨案发生后,"社科社"群情激愤,立即联合国立成都师范大学的"导社"发起全市性的反对军阀屠杀革命群众的声讨大会。

在揭露军阀的罪恶行径的同时,"社科社"还和校内国民党右派的"健行社"、国家主义派的"惕社"进行了针锋相对的斗争。"健行社"是1926年下半年,经国民党右派陈紫舆把持的国民党成都市党部批准,由校内学生易光谦组织起来的校内社团,其纲领和活动与"社科社"水火不容。在校长张澜倡导的"学术自由、思想自由"的影响下,1927年3月,国立成都大学校内出现了以学术讲演形式进行的三派公开较量。"惕社"为欢迎国家主义派头目李璜来校任教,向学校借用礼堂,请他做报告,以扩大其政治影响力。"社科社"听说后,也想借此机会宣传自己的革命主张,考虑到即将到来的"三一八"惨案一周年纪念日和"五一"国际劳动节,遂向学校建议:"既要在学校讲话,大家都讲。"于是张澜校长决定,三派学生组织都请专家主讲,开成一个学术讲演会。校内外进步团体和各校师生听到这一消息,都热心支持。学术讲演会终于如期在致公堂举行,校长张澜、学校教授、社会知名人士、本校学生和外校师生共一千多人到会,盛况空前。李璜首先讲道:"说什么国家风雨飘摇,难保安全,讲民族、民权、民生,侈谈耳!至于共产主义,更是黄粱美梦,脱离国情,害国、害民、害己。"接着上台的便是"健行社"请的杨吉甫教授,他认为,国家主义太狭窄,共产主义太遥远,路子都走不通,只有三民主义适合国情,在现实社会中能实行。最后出场的是"社科社"邀请的中共成都特支书记刘愿庵。他的演讲慷慨激昂、一针见血，大意是：刚才李先生讲，国家要独立富强，这很好，但是怎样才能办得到？对谁独立？由谁争取？又由谁来建设？怎样建设？我没听明白李先生是怎么讲的，我觉得在我们国家不讲反帝反军阀，就无法回答上述问题。而杨教授又告诉大家，"只有三民主义才合国情"，对！只是我想这个三民主义，恐怕应该是三年前孙中山先生解释过的新三民主义，是要同联俄、联共、扶助农工三大政策结合起来的三民主义。只有孙中山先生的这种三民主义，才可能打倒帝国主义，争得国家独立；有了国家独立，又打倒了依赖帝国主义的军阀，要建设富强的国家，也还要依靠工农大众，同全世界的劳动人民联合起来，共同奋斗，才能真正地建立出独立富强的国家。刘愿庵刚演讲完，张澜校长立即起身，带头鼓掌，连声称赞："讲得好！讲得好！"会场里掌声响成一片。这次学术演讲，使"社科社"成员和与会群众受到了一次深刻的政治教育，扩大了中国共产党的影响。

四一二反革命政变后，"健行社"头目易光谦乘机以成都市"整理党务特派员"的身份明目张胆地"清党"反共。"社科社"在校内党、团组织的领导下，立即进行了反击：一方面张贴郭沫若的文章《请看今日之蒋介石》，并散发武汉国民政府讨伐蒋介石的文告和省学联发表的《申讨蒋介石十大罪状宣言》等；另一方面又出墙报，揭露"健行社"的罪恶行径。

1927年秋，国立成都大学学生会改选，"社科社"又利用墙报同"健行社""惕社"展开了激烈的斗争。王向忠、王道文合写了《新陋室铭》："山不在高，有神则灵。人不在多，有旗则行。斯是运动，唯吾德腥。谈笑无工农，往来尽劣绅。油痕唇上滑，钞票手头清。无工作之累己，有官职之荣身。南昌总司令，西蜀向育仁。易某云：'何惧之有！'"该文入木三分地刻画了国民党右派的丑态，在当时广为传播。

1928年，成都"二一六"惨案中，被杀害的6名国立成都大学学生，全是"社科社"的领导者和骨干。张澜校长对"社科社"曾有过一个比较确切的评价："社会科学研究社学生，多诚笃君子、有志之士、有为青年，予与扶助，乃为国育才。"①

导社和新青年革命团 当时，国立成都师范大学的国家主义派势力较强，活动猖獗，围攻、辱骂进步同学的事件经常发生。为了团结进步同学，1926年10月，在声援万县"九五"惨案的斗争中，由苟永芳承头，发起组织了"导社"，有曹培金（曹荻秋）等三四十人参加。

"导社"成立后，立即以团体形式参加"声援'九五'惨案后援会"，组织学生上街游行，积极参加抗议英帝国主义暴行的斗争。四一二反革命政变后，"导社"并没有在险恶形势前退缩，他们一方面张贴郭沫若的文章《请看今日之蒋介石》，另一方面通过办墙报揭露国家主义派投靠反动当局的卑劣行径。1927年秋，"导社"社员已达七八十人，在学校党组织的直接领导下，积极参加教育经费独立运动和反劣币运动，继续进行着革命斗争。

师大附中是成都有名的进步中学。1927年下半年，师大附中共青团组织在校内组建了一个进步学生团体——"新青年革命团"。该团也是当时成都八大赤色团体之一，其活动与"社科社""导社"等协同一致，互相呼应，并且直接受中共川西特委宣传部部长、师大附中教务主任袁诗荛的指导。

共进社 "共进社"是公立四川大学法政学院的进步组织，于1926年在龚堪慎的领导下建立，有社员二十余人。"共进社"把领导同学开展反帝反封建斗争、同校内国民党右派组织"中社"进行斗争视为己任，开展了一系列卓有成效的工作。

（二）广大师生投身反帝反封建革命斗争

1924年1月，为推动国共合作，中国国民党第一次全国代表大会在广

---

① 参见中国人民政治协商会议四川省成都市委员会文史资料研究委员会编《成都文史资料选辑》第7辑，内部资料，1984年。

州召开，会议提出了联俄、联共、扶助农工三大政策，标志着第一次国共合作正式形成。随后，大革命的浪潮席卷全国。继五四运动之后，全国在1925 年至 1926 年又出现了声援五卅运动和抗议万县"九五"惨案的两次反帝高潮。

声援五卅运动的斗争 1925 年 5 月 15 日，上海内外棉七厂日本资本家枪杀工人、共产党员顾正红，并打伤工人十余人，该惨案引起上海广大民众的极大愤怒。5 月 28 日，中共中央召开会议，决定进一步动员群众开展反帝斗争。5 月 30 日，上海万余工人、学生举行反帝示威游行。当游行队伍经过南京路时，租界英国巡捕竟开枪射杀示威群众，当场打死学生、工人十余人，伤者无数。这就是震惊中外的五卅惨案。四川公立工业专门学校学生、共青团上海地方执行委员会组织部主任何秉彝，是这次示威游行指挥总部的联络员，也不幸在惨案中英勇牺牲。①

五卅惨案的消息很快传到成都，蓉城人民群情激愤。他们在共青团成都地委的领导下，响应中共中央发出的"反抗帝国主义野蛮残暴的大屠杀"的号召，掀起了大规模的反帝爱国运动。学生首先行动起来，组织宣传队、募捐队，走上街头。

为了执行中共中央关于建立反帝反封建统一战线，团结工农商学兵一起行动的决策部署，经校学生会主席廖恩波奔走联系，1925 年 6 月 17 日，25 所学校学生代表在四川公立工业专门学校召开紧急会议，共同商议声援上海人民反英日惨杀我国同胞斗争运动的问题。6 月 18 日，组织范围扩大，成都各界 100 多个团体的代表约 1000 人，在川北会馆成立了"上海英日惨杀华人案成都国民外交后援会"（下文简称"后援会"）。该"后援会"的主要负责团体是四川全省学生联合会，廖恩波被推选为总务部主任，成

---

① 何秉彝生平事迹参见党跃武主编《闪亮的坐标：四川大学革命英烈传略》（上册），四川大学出版社，2021 年，第 231－239 页。

为"后援会"主要负责人。①

1925年6月21日,"后援会"组织召开全市国民大会。校内学生、社会各团体与群众万余人,齐集致公堂外的广场。大会由廖恩波主持。在会上,廖恩波代表"后援会"向大会提出了四项议案:"一、请政府照吾人目的,向英日严重交涉,立即释放被拘华人,赔偿死者命债及受伤医药费,惩办英日肇事官员及凶手,英日政府向我道歉;二、凡英日在华所雇佣之中国人,一律退职;三、与英日经济绝交;四、联合世界被压迫民族,打倒帝国主义。"② 该议案得到与会群众的一致赞同。

青年学生的先锋作用,使斗争运动迅速向全省扩展。1925年12月,四川省学生联合会第一届代表大会在致公堂召开。会议由廖恩波主持,大会通过的《四川学生联合会通告》高度评价了学生在运动中的爱国表现,指出:"五卅惨案发生以来,我全川同学会成立于急进先觉的地位,偕同全川民众,与彼英帝国主义者誓死斗争,勇往直前,未尝稍懈……足见全川同学对于继承五四运动之爱国精神,有加无已。"

1926年5月28日,何秉彝的灵柩由上海运回成都,学校师生纷纷到牛市口迎灵。灵柩停放在致公堂,师生轮流守灵,并在少城公园召开了隆重的追悼大会,又一次形成了对帝国主义声势浩大的示威和声讨。

五卅运动的开展,使学生们认识到了建立革命组织的重要性,以中共党员、共青团员为核心的"社科社""导社""共进社"等革命团体,就是在五卅运动的推动下建立起来的。

抗议英帝国主义制造万县"九五"惨案 1926年7月,国民革命军出师北伐。革命军兵分三路,以摧枯拉朽之势,摧毁了北洋军阀的一个又一个堡垒,动摇了列强在中国的统治。为此,列强联手对中国革命进行了赤裸裸的武装干涉。9月5日,英国兵舰炮轰万县,造成中国军民数千人死

---

① 廖恩波生平事迹参见党跃武主编《闪亮的坐标:四川大学革命英烈传略》(上册),四川大学出版社,2021年,第284—294页。

② 《成都全民之大游行》,载《商务日报》1925年6月30日。

伤，这就是震惊中外的"九五"惨案，又称"万县惨案"。

惨案发生后，在中国共产党的领导下，全国掀起了抗议浪潮。这是继五卅运动后又一次大规模的群众性反帝爱国运动。为响应号召，成都各界立即发起成立"万县惨案成都国民雪耻会"（简称"雪耻会"），也掀起了一场轰轰烈烈的反帝斗争。

川大学生也积极参加了这一反帝爱国运动。他们在校内党、团组织的领导下，通过"社科社"等革命团体，组织宣传队，走上街头，向群众讲演，揭露帝国主义干涉中国革命、屠杀中国人民的罪行。他们的基本主张如下：对英日实行经济绝交，废除一切不平等条约；要求广大市民不买英国货，不卖货与英人，不为英人做工，不供食品给英人，实行不合作主义。此外，他们还组织了仇货检查队，在全市开展检查仇货、焚毁仇货的活动。他们在安乐寺市场查获大批英国香烟，当场焚烧，围观的广大群众拍手称快。

除上述行动外，学生们还大力支持成都工人"罢工委员会"领导的工人罢工运动，踊跃捐款资助，并组织慰问队，到罢工团所在地（临江庵）对工人进行慰问和声援。与此同时，华西协合大学（简称"华大"）等教会学校的学生为抗议帝国主义暴行，还组织了"退学团"，大批同学退学。国立成都大学学生积极支持退学同学的正义行动，支持张澜校长接收和安置退学学生、辞职教师到学校学习或任教的举措。四川公立法政专门学校学生、"雪耻会"负责人之一龚堪慎和四川省学生联合会宣传部部长曹品等作为成都各界人士的代表，同华大校长、美国人毕启进行了针锋相对的斗争，痛斥了帝国主义屠杀中国人民的血腥罪行。在铁的事实面前，毕启也不得不表示："对万县惨案的不平，愿意致电英国政府，伸张正义，谴责这一罪行。"同时，他也一再声明："中国人民的爱国行为，是完全正确的，我们不但不反对，还衷心称赞，表示钦佩。"

就在北伐战争节节胜利、工农运动持续高涨的时候，1927年1月，蒋介石委任前来谒见的刘文辉部参谋长向育仁为"四川整理党务特派员"，授以"反共清党"任务。随后，四川军阀王陵基、兰文彬等在重庆制造了"三三一"惨案，杀害了包括中共四川地区早期党组织创建者和领导人杨闇公在内的共产党员、革命工人、学生和市民 500 余人，白色恐怖笼罩了整个四川。八七会议召开后，中共中央派傅烈、刘披云等到重庆重建中共四川省委。为适应形势要求，中共成都特支改为中共川西特别委员会，任刘披云为书记，国立成都师范大学附中教务主任袁诗尧为宣传部部长，公立四川大学法政学院学生龚堪慎为学委委员。

1927 年 9 月，宁汉合流①，大革命归于失败，四川军阀改旗易帜，公开投靠蒋介石，在各自的"防区"内残酷迫害进步力量。面对白色恐怖和四川军阀的倒行逆施，中共川西特委决定抓住教育经费缺失和劣币充斥市场这两大关系学校师生切身利益和集中反映人民群众与四川军阀尖锐矛盾的问题进行反击。

教育经费独立运动　早在 1922 年，为争取教育经费独立，四川教育界人士就在成都举行过全川教育大会，要求当局将已划作全省教育专款的各地"肉税"收入，直接解缴教育行政部门，实行教育经费独立核算。除国立成都大学由"盐余款"充作经费外，成都的其余学校，包括国立成都师范大学、公立四川大学等，均从"肉税"开支。

但由于军阀割据，"肉税"收入被层层侵吞，或只按少数调拨，或被挪作军费。如此年复一年，竟使本来大有盈余的教育经费长期支绌，到 1927 年秋，"各校历年欠债，已达数十万元"②，最后竟窘困到无款开学的地步。连时任四川省教育厅代理厅长的万克明也不得不承认："至本年，则每况愈下，发给薪修几成例外，弦歌有断辍之虞，学校呈倒闭之象，瞻念前途，诚有不堪设想者矣!"③ 而且各公立学校教职员工的薪金也无着

---

① 1927 年 9 月，南京国民政府同武汉国民政府合并，因南京简称"宁"，武汉简称"汉"，史称"宁汉合流"。
② 参见《国民公报》1927 年 11 月 7 日。
③ 同上。

落，"已开课十余周，仅领得经费一月之九成"①，有的甚至发"欠薪证"，一不兑现，即成废纸。这种情况致使教职员工无法维持生活。他们得不到工资，便经常不到校上课。学校也往往因资金短缺，而提前放假，教育事业濒临破产。因此，继1922年王右木领导的第一次争取教育经费独立的运动之后，1927年底四川又一次爆发了争取教育经费独立运动。

学校教职员工首先行动起来，进行"罢教索薪"。1927年11月24日，四川省会教职员联合会代表全体"含辛茹苦，枵腹从公"的教职员工，向四川省教育厅提出交涉，要求"于11月26日再发一月半薪水，以维持生活。否则，从本月28日起，即实行罢课（教）"②。中共川西特委抓住时机，坚决支持教职员工的"罢教索薪"运动，并指派中共成大特支书记、国立成都大学校学生会主席、中文系学生钱芳祥等领导这一运动，发动各校学生支持教职员工的斗争。于是学生纷纷走上街头，向群众揭露军阀截留教育经费，挪用养兵，发动内战的罪行，要求实行教育经费独立，并决定从11月28日起，全市实行"同盟总罢课"。

为了统一领导这次运动，中共川西特委组织成立了"四川省教育经费独立运动成都省立各校学生联合会"（以下简称"学联"）。"学联"由各校学生会派两人组成，成员有国立成都大学的李正恩、钱芳祥，国立成都师范大学的苟永芳、周国昌，公立四川大学的龚堪慎等，并共推李正恩、钱芳祥、龚堪慎来领导"学联"工作。"学联"还办有机关刊物《学生时报》，会址设在公立四川大学工科学院。

教职员工的"罢教索薪"和学生的罢课，获得了社会的广泛同情。1927年12月3日，"四川省教育经费独立运动各界后援会"成立，并表示"我们各界民众今日已下决心作教育经费独立运动的后盾"。强大的舆论压力，广泛的社会同情，加上师生的一致决心，迫使四川军政当局的刘文

---

① 参见《国民公报》1927年11月5日。
② 参见《国民公报》1927年11月29日。

辉、邓锡侯、田颂尧于 12 月 5 日召开了"教育经费独立会议"。四川省会教职员联合会立即通电声援学生，张澜等十四所大中学校长联名声明，支持教育经费独立。斗争很快蔓延到省内各地，激起了全川教育界的响应，各地纷纷发表宣言和告同学书，或成立基层学联，揭露军阀劫掠"肉税"，残害教育，贻患后辈的罪恶。连远在武汉的湖北省学联也来电，代表"二万同学，谨祝贵会'五四'运动新精神之胜利！并以全力作贵会后盾"[①]。

在日益壮大的群众革命洪流的冲击下，刘文辉、邓锡侯、田颂尧也极不情愿地联衔通电，吁请全川各防区军阀交出"肉税"。至此，历时一个多月的斗争告一段落。11 月 18 日开始的"罢教索薪"，迅速由单纯的经济斗争发展为与封建军阀的正面交锋，由局部斗争扩大至全省规模。这是五卅运动后四川较大规模的革命学生运动，而在重庆"三三一"惨案、蒋介石四一二反革命政变后发生这样波澜壮阔的学生运动，其意义是非比寻常的。

反劣币斗争 与争取教育经费独立运动几乎同时，四川爆发了反劣币斗争。1925 年，杨森"统一之战"失败，东逃万县，成都被刘文辉、邓锡侯控制。其中，建于清末的四川造币厂被邓锡侯占有。为牟取暴利，扩充军费，四川造币厂铸造了一种面值半元的银辅币，每个银元只含银二钱五分，大大低于每个银元含银三钱二分的规定。该手段引起大小军阀竞相效法，纷纷设厂铸造劣币，变相地把军费转嫁给人民大众，引起了各界的接连抗议。刘文辉、邓锡侯等军阀为敷衍舆论，下令"严禁铸造""禁用劣币"，然而铸造者们根本不理睬这个所谓的"命令"，形成了"禁者自禁，铸者自铸"的局面，铸币厂不减反增。到 1927 年秋冬，仅成都和灌县（今都江堰市）两地就有私设的铸币厂 13 处之多。银币贬值，物价上涨，民不聊生。"一块银元破哑假，三个死人邓田刘！"就是当时社会情形的真实写照。到 1928 年初，劣币多达 3000 万元，祸及全川。社会经济濒临崩溃，

---

① 参见《国民公报》1927 年 12 月 23 日。

人民生活朝不保夕。比之军阀混战，劣币问题给人民带来的苦难有过之而无不及。因此，随着社会矛盾不断激化，在中共川西特委的领导下，大规模的反劣币斗争终于爆发了。

1928年1月4日，由"成都学生联合会"所属各校进步社团出面，联合成都各界一百余大小团体举行"反劣币大同盟第一次代表会议"，成立了"四川各界民众反劣币大同盟"（以下简称"反劣币大同盟"）。

"反劣币大同盟"成立以后，学校进步学生纷纷走上街头，痛斥军阀奸商，历数劣币罪行，号召群众参加抗争。他们明确地指出，劣币的危害是由军阀造成的，"莫价值的银元，一天天地多；市面的物价，一天天地涨；好死了造劣币的军阀，苦极了求生活的平民"！[1] 这样就把反劣币的经济斗争，顺理成章地引向了反军阀的政治斗争。

四川军阀一方面使用欺骗手段，装出"支持反劣币"的虚假面孔，另一方面进行武力镇压，出动军警拘捕进步学生。1928年1月14日，在少城公园附近，军警拘捕了正在张贴标语的4名国立成都师范大学学生。该事件一发生便立即激起了学校师生和各界人士的抗议。他们发表《为反劣币被捕学生宣言》，抗议当局非法拘捕学生的法西斯暴行。

四川军阀非法拘捕学生的行动，促使反劣币斗争朝着更加政治化的方向发展，这是当局者们始料未及的。惊恐之余，他们竟直接明令取缔反劣币斗争。军阀当局的暴力手段，无疑是火上浇油。在共产党的领导下，经过"反劣币大同盟"的坚决斗争，刘文辉等人为应对危局，缓和民愤，被迫勉强接受了捣毁私厂、由造币厂调换劣币和禁止大元出境三项严正要求。反劣币斗争至此取得了初步胜利。

这场反劣币斗争与教育经费独立运动互相呼应，起到了动员和组织革命师生与四川军阀进行抗争的作用，在一定程度上动摇了他们在四川的统治。

---

① 参见《四川现代革命史研究资料》1981年第4期。转引自四川大学校史编写组编《四川大学史稿》，四川大学出版社，1985年，第128页。

（三）"二一六"惨案中献身的川大师生

争取教育经费独立运动和反劣币斗争，触及了四川军阀的切身利益，震撼了他们的反动统治。为迫害革命力量，镇压川内日益高涨的学生运动，经过密谋，四川军阀终于在 1928 年 2 月制造了震惊川内外的屠杀革命师生的"二一六"惨案。

"二一六"惨案发生背景及其经过 1928 年 1 月，四川的军阀当局把一些支持学生运动的校长撤换下来。刘文辉派他的心腹——国民党四川省党部候补执行委员杨廷铨接任四川省立第一中学（以下简称"省一中"）校长，其目的是借此"杀鸡儆猴"。

杨廷铨本是国立成都大学的舍监，他对学生刻薄，作风下流，是一个为教育界所不齿的人。省一中学生坚决反对这样的人做校长，掀起了择师运动，抵制其进校。杨廷铨恼羞成怒，让刘文辉派兵护送他入校参加接任仪式，并将反对他的学生挂牌开除。1928 年 2 月 14 日，该校一百多名学生入校质问杨廷铨，要求他恢复被开除同学的学籍，可他不但不允许，反而蛮不讲理地辱骂学生，激起了学生的公愤，最终"朋相殴之"，几名学生失手将其打死，并于慌乱中抛尸枯井。这就是所谓的"杨廷铨案"。

杨廷铨之死，本质上是他武装霸校的法西斯暴行激起公愤所致，是自食恶果，罪有应得。但这对于军阀当局来说，却是他们镇压革命的一个绝佳借口。他们抓住这个机会，"姑借杨案以发事端"，开始实施"厉行廓清共产党"的计划，在全市范围内，向革命师生举起屠刀，制造了"二一六"惨案。"杨廷铨案"发生后，中共川西特委书记刘披云严厉批评了有关人员制止不力，并仔细分析了当前形势，认为刘文辉等必然要进行更大规模的血腥报复。组织当即决定，凡在历次社会运动中出头露面的教师、学生，都要离开学校和住地，隐蔽起来。随后，组织紧急通知袁诗荛、李正恩、钱芳祥、张博诗等立即撤离。

事发两日后，军阀当局果然发起了血腥报复。1928 年 2 月 16 日清晨，

"四川省整理党务特派员"、刘文辉等人的军警团联合办事处处长向育仁，出动军警，同时将国立成都大学、国立成都师范大学及其附中、公立四川大学包围，威逼上述学校的师生列队受查，并手持告密者提供的"黑名单"，逐一点名，逮捕革命师生百余人。

皇城和南较场内的学校是军阀当局重点搜捕的地方，由邓锡侯部旅长周绍芝亲自督率一团人马前往包围与搜查。最终，从国立成都大学逮捕38人，从国立成都师范大学逮捕10余人，从师大附中逮捕了教师袁诗尧等人。《国立成都大学校报》记载了当时的情况："2月16日，时方黎明，军警团联合办事处，派兵约一团，突将皇城内各学校包围，不许行人通过，旋即率队入本校。将所有办事人及学生逼往操场内，按名清点，露立至数钟之久。一面搜查各寝室，校内工役，亦加严讯。计捕去本校学生李正恩、钱芳祥等38人。同时，师大、附中、省师、法专等校，均被搜查，亦捕去教员多人。各校忽发生剧变，于是，人心惶惶，顿生恐怖状态矣！"①

从各学校逐个抓来的百余名革命师生，先后被送进督院街沂水庙的军警团联合办事处关押了起来。当天下午4时许，残暴的军阀当局未经任何审讯，就把包括袁诗尧、钱芳祥、李正恩、王向忠、王道文、胡景瑗、韩钟霖、张博诗和龚堪慎等9名川大校友在内的14人枪杀于下莲池。这就是震惊川内外的"二一六"惨案。

烈士们牺牲得十分英勇。袁诗尧临危不惧，挺身质问反动军阀："你们指我等为共产党，有何证据？你们无故扣押我们，是何道理？应当明白宣布！"反动军官哑口无言，强令士兵将其带走。在刑场上，钱芳祥则领头高呼"工农兵联合起来！""打倒封建军阀！""中国共产党万岁！"等口号，高唱国际歌，从容就义。②

"二一六"惨案是四一二反革命政变在成都的重演，也是投靠蒋介石

---

① 参见《国立成都大学校报》第13期。
② 参见廖友陶：《1928年成都的"二·一六"惨案》，载《成都文史资料选辑》第7辑，内部资料，1984年。

的四川军阀蹂躏四川教育、镇压革命师生的反动面目的大暴露，更是四川军阀配合蒋介石第二次"清党反共"，对大革命运动的疯狂反扑。自"二一六"惨案发生以后，成都地区和学校的革命运动走向低潮。

"二一六"惨案中牺牲的川大英烈 惨案发生后，中共四川省委立即发表了《为成都惨案宣言》（以下简称《宣言》），谴责军阀屠杀革命师生的罪行，高度评价了袁诗尧等烈士。《宣言》强调"社科社"等组织是我们的革命团体，袁诗尧等烈士是我们最努力的领导者。[①]

袁诗尧，四川盐亭人，1897 年生。牺牲前为国立成都师范大学附中教务主任、中共川西特委宣传部部长。

1917 年 7 月，袁诗尧考入国立成都高等师范学校国文部。1919 年，五四运动爆发，他带领同学积极投入学生运动，被选为四川省学生联合会副理事长，并创办《四川学生潮》。1920 年，袁诗尧又与巴金等创办宣传新思想的《半月报》，激励青年勇敢地与黑暗势力作斗争。同年底，他参加"马克思读书会"，并协助四川地区的马克思主义先驱者王右木创办《新四川旬刊》。1921 年暑期，袁诗尧从学校毕业，应张澜聘请到南充中学担任教务长一职。1927 年初，袁诗尧加入中国共产党，并且任中共川西特委宣传部部长一职，其公开职务则是国立成都师范大学附中教务主任。在附中就职期间，他把讲台当作宣传马列主义的重要阵地，号召同学参与社会革命。

袁诗尧是四川地区早期最有影响的中共领导人之一，也是当时群众斗争的领袖和勇敢战士。因此，反动派早就将他视为眼中钉。被捕后，袁诗尧大义凛然地斥责敌人："学马列，救中国，有何罪!"牺牲时，他年仅30 岁。

李正恩，四川宣汉人，1906 年生，牺牲前为国立成都大学生物系学生、中共成都市委领导成员。早年间，他曾参加王维舟在宣汉创立的"共

---

① 参见《国民公报》1928 年 3 月 11 日。

产主义小组"。

1924 年秋，李正恩考入国立成都大学理预科。他在同学中很活跃，思想进步，经常用省吃俭用积攒下来的钱购买进步书刊，供自己和同学阅读，大家称他是成大的"共产主义思想的传播人"。1925 年，他同何志远等人组织同学声援五卅运动，抗议英日帝国主义屠杀中国同胞，并同钱芳祥一起召集进步同学发起成立了进步革命团体"社科社"，成为该社的主要领导人之一，带领"社科社"同"惕社"和"健行社"进行斗争。1926年上半年，国立成都大学第二届党支部建立，李正恩又被选举为党支部书记。是年，王维舟回宣汉开展游击活动，为争取张澜的支持，曾委托他做联系人。同年 7 月，他被军警团联合办事处非法逮捕，后经党组织和学校的多方营救，被关押了 3 个月后获释。出狱后，他又组织领导了争取教育经费独立运动和反劣币斗争。

钱芳祥，四川巴县人（现重庆巴南区），1900 年生，牺牲前为国立成都大学中文系学生、中共国立成都大学特支书记。

1924 年秋，钱芳祥考入国立成都大学文预科。由于年龄较大，知识广博，为人朴实，他深得大家的信赖，同学都称他为"老大哥"，并推举他为学生会总务长（主席）。他曾代表学校向军阀据理力争"盐余款"作为国立成都大学的办学经费，受到了学校的奖励，被免去直到毕业的全部学费。1925 年，在声援五卅运动的斗争中，他同李正恩等人一起组织成立了进步革命团体"社科社"，成为该社的主要领导人物之一。同年，钱芳祥加入中国共产党。1927 年 9 月，学校建立中共特支，他被选为特支书记。钱芳祥身兼多职，为革命废寝忘食。被捕时，他临危不惧，笑语如常地对同志们说："砍头流血，铁窗风味，是革命者的家常便饭！"在刑场上，他带头高呼"工农兵联合起来！""打倒封建军阀！""中国共产党万岁！"等口号，表现了一位革命者的英勇气概。

龚堪慎，四川宣汉人，1904 年生，牺牲前为公立四川大学法政学院学生、中共川西特委学委委员、四川省学生联合会负责人。

1925 年，龚堪慎考入四川公立法政专门学校（1927 年改为公立四川大学法政学院）。1926 年，加入中国共产党，并发起成立进步革命团体"共进社"，领导同学们开展反帝反军阀的斗争。在声援五卅运动和组织"九·五"惨案后援会的斗争中，他做出了积极的贡献，还亲自带领经济检查队查获和焚烧了大量仇货。在庆祝北伐出师胜利及抗议重庆"三三一"惨案的群众大会上，他被选为大会主席。此外，龚堪慎还主办了《四川学生》周刊，旨在提升同学们的思想觉悟，揭露军阀摧残教育事业的罪行。1927 年底，他作为四川省学生联合会的主要领导人，领导了全市性的学生罢课斗争，将争取教育经费独立运动推向了高潮。在 1928 年初的反劣币斗争中，他还参加了"反劣币大同盟"的领导工作。

张博诗，四川自贡人，1904 年生，牺牲前为国立成都师范大学体育专修科学生、中共成都市委农委委员。

1925 年，张博诗考入国立成都高等师范学校附中时，已是共青团员。因成绩优异，他深得老师器重，被同学誉为"数学博士"。1926 年上半年，张博诗从附中毕业，到国立成都大学当旁听生，在李正恩和国立成都高等师范学校学生曾莱的介绍下，加入了中国共产党。1927 年暑期，他考入国立成都师范大学体育专修科，并成为"导社"的主要领导人之一，与国立成都师范大学党组织负责人苟永芳等一起，在争取教育经费独立、反劣币等斗争中挺身而出，站在斗争前列，被赞为"猛虎"。1928 年初，面对成都日益险恶的形势，他直言，"怕什么，他们有刀枪，我们有血流"，充分表现了他勇于斗争的革命精神。

王向忠，四川高县人，1908 年生，牺牲前为国立成都大学文预科学生、中共成都市委领导成员、四川省学生联合会宣传部部长、中共国立成都大学特支宣传委员。

1926 年秋，王向忠考入国立成都大学文预科，进校不久便加入了共青团和"社科社"。1927 年 4 月，加入中国共产党。同年 9 月，国立成都大学建立中共特支，他被推选为宣传干事，并兼任"社科社"宣传部部长和

《野火》周刊编辑。王向忠才思敏捷，能文善辩，常在墙报上、《野火》周刊上发表文章，同敌人辩论，他那犀利的文风常常使对方狼狈不堪。针对易光谦等人投靠向育仁的可耻行径，他和王道文合写了首脍炙人口的《新陋室铭》，入木三分地讽刺了易光谦一伙。当时，这些文章在学校迅速传播，众口称快。牺牲时，他年仅 19 岁，是众烈士中最年轻的一个。

王道文，四川渠县人，1900 年生，牺牲前为国立成都大学中文系学生，中共党员。

1924 年秋，王道文考入国立成都大学文预科。由于年龄较大，长于言辞，同学们都称他为"大学长"。他还被推举为校学生会文书。当时学生会为学校经费和校长人选等问题所印发的请愿书、宣言、呈文、函件，都是他起草或审定的。在参加五卅惨案后援会活动时，他经常白天讲演，深夜写标语、传单。此外，他还是"社科社"的发起人之一，并于 1926 年下半年加入中国共产党。他长于写作，曾在《野火》周刊上以"苦岭"为笔名发表了多篇战斗性很强的杂文。他还经常到工人夜校为工人讲课，深受工人们的欢迎。临刑前，王道文曾与反动军警展开搏斗，并怒斥敌人："我们犯了什么罪?!"

胡景瑗，四川南充人，1905 年生，牺牲前为国立成都大学生物系学生，中共党员。

1925 年秋，胡景瑗考入国立成都大学理预科。入学后不久，便加入了"社科社"。他酷爱表演艺术，擅长幽默讽刺的双簧表演。每有庆祝活动、集会及游行宣传，必有他的节目。其节目题材和内容多半为讽刺军阀当局的。"你们又去找你们向（育仁）爸爸了么!"他总是用这类辛辣的讽刺揭露那些军阀走狗的各种丑态。1928 年初，他曾以"社科社"社员的身份，到市郊红牌楼、茶店子等地开展独轮车工人运动，向工人宣传团结斗争的道理，为组织独轮车工人的罢工斗争做出了自己的贡献。遗憾的是，胡景瑗加入中国共产党仅一周时间，便被杀害。

韩钟霖，四川宜宾人，1908 年生，牺牲前为国立成都大学理预科学生。

1925 年秋，韩钟霖入校后不久便加入"社科社"，在进步思想的熏陶下，很快成长了起来。他性格直爽，疾恶如仇。"三三一"惨案的发生，使他看清了反动派的狰狞面目，因此每当同学议论到四川军阀时，他都讥讽、痛骂不已。不幸的是，他被反动当局误认作其兄韩钟钦（时为中共党员，后叛变投敌）而抓捕，牺牲时，还不到 20 岁。

抗议屠杀革命师生的斗争 "二一六"惨案中，军阀当局还酝酿着对革命者展开更大规模的逮捕和屠杀。他们不仅在"为宣布罪状事"的布告中，点了 6 个革命团体的名，诬蔑"此次省中校长杨延铨被殴身毙，系石犀社纠结成大社会科学研究社、师大导社、附中新青年革命团、法专共进社及一切共产反动分子袁诗荛等所为"①，还在"三军部通令各县查缉杨案在逃学生"的通缉令中叫嚣："共产党徒等潜伏各处，阴谋扰乱破坏……若不严拿惩办，断绝根株，将何以肃法纪而靖地方……勿使一人漏网。"这无疑是他们在为即将进行的更大规模的血腥屠杀作舆论准备。为了抗议军阀的暴行，制止更大规模的逮捕和屠杀，中共川西特委领导人民群众开始了猛烈反击。

中共川西特委分析了各方面的情况，决定开启有重点、有组织的反击，并基于两个原因，选择了国立成都大学作为反击反动军阀的主要阵地。一是校长张澜倾向进步，同情革命，在四川德高望重，如果他参与抗议，将造成很大的社会影响。二是国立成都大学原有的党、团组织力量比较强大，革命基础较好，其中更有 6 位同学被反动军阀无理枪杀，校内同学的不满和反抗情绪强烈。

首先是动员和支持校长张澜起来抗议。1928 年 2 月 16 日晨，军阀在各校逮捕教师和学生后，中共川西特委立即派人将事件的经过告诉了张

---

① 参见中国人民政治协商会议四川省委员会文史资料研究委员会编《四川文史资料选辑》第 26 辑附录，四川人民出版社，1983 年。

澜，并请他设法营救。张澜素来器重袁诗荛，认为他是一个不可多得的人才，加之学校一批他特别爱护的学生也被抓去，便一口答应，立即发电报给重庆的刘湘，请他向刘文辉说情，希望对袁诗荛等人从宽处理。刘文辉拒不回应后，张澜又亲自去找他，但刘依旧托词不见。

2月17日晨，学校派人到张澜家里，告诉他袁诗荛和被捕的其余6位同学已于昨日下午被枪杀了。张澜十分震惊，痛呼"没想到来得这样快!"，并立即赶到学校，召开全校师生员工大会。他在讲话中悲愤地揭露反动军阀残酷迫害师生、侵犯人权、破坏学府尊严、摧残教育事业的罪行，并当场宣布辞职，以示强烈抗议。

随后，张澜在给刘文辉、邓锡侯的辞职书中愤慨地指出："今成大之学生被指为嫌疑者，乃枪决于逮捕之日，似非所以服死者之心"，"大学事前未接当局之公函，事后不闻当局之公告"，"在澜既不能豫教于前，以出学生于政党之狂澜；在学府丧其尊严，以堕教育事业之神圣。此澜所以辞职以谢邦人"。张澜的这份辞职书指出"军阀滥杀无辜，众心难服；破坏学府尊严，迫人引咎；交出大学，彰其阴谋"，可谓义正词严，掷地有声。

中共川西特委立即通过多种渠道，将国立成都大学的教职员工和学生动员起来，掀起了"挽张"运动，以此向军阀当局进行反击。

2月20日，临时学生会呈文刘、邓军部，要求当局切实保障教育，并请代为挽留张澜校长："现开学无期，同仁等学业光阴，荒废堪虞，而张校长辞意坚决，同仁攀留无效，当此西南文化根萌甫树之秋，求其名隆望重足以表彰士林者，舍张校长外，殊若无人，决不能任张校长拂衣远蹈。是以特恳再行敦促张校长立即复职，以维学府进行。"呈文中特别强调，掌校成大，"舍张校长外，殊若无人"，一语道破了军阀反动派企图挤走张澜，进而控制成大的阴谋。教职员工也召开紧急会议，决定致函刘、邓、田三军长，质问惨案真相，要求宣示枪杀学生的证据，切实保障人权，维护学府尊严，并派代表挽留张校长。烈士的壮烈牺牲和师生的正义要求，得到社会的广泛同情和支持。

面对成大师生强大的"挽张"运动，军阀内部由于利害冲突，态度各不相同。2月23日，刘文辉、邓锡侯致函张澜，软硬兼施："处理此案，原系肃清乱党，维持治安，与此案无关之教职员、学生，尽可安心从事，不必惊疑。"省长赖心辉在给成大教职员大会的回函中说，他"得省讯及阅报并接在省教育界诸君函"，才知道"省方恐怖情形"，申明他没有参与其事，还"以清党不可不严，行法不可慎为刍献"，对刘、邓发起责问，并对张澜表示挽留。而在重庆的川军总司令、四川善后督办刘湘则发来急电，以"教育顿失保障，学生惨遭锋铚；军警仓猝，干渎尊严"等语责难刘、邓，并以"西南需要"等词慰留张澜。最后，刘文辉、邓锡侯不得不违心地对张澜做出挽留的表示。

军阀之间的矛盾和意见分歧，对革命师生的斗争无疑是有利的。在这样的形势下，临时学生会于1928年3月初发出《国立成都大学临时学生会为军警团联合办事处捕杀学生宣言》，再次抗议军阀蹂躏人权、草菅人命的罪行，质问"将来教者学者生命之如何保障，教育之如何维持"，并宣告"苟一息之尚存，决无毫毛之反顾"。

在教职员工和学生的一致挽留下，张澜终于在1928年3月9日向学生会代表表示："勉允复职。"3月12日，全校师生员工在致公堂召开了隆重的欢迎张澜校长复职大会。会上，校长张澜、法学院院长吴君毅、理学院院长沈懋德等发表了讲话。张澜在讲话中说，"前之辞职，因学府失去尊严、教育无所保障。今因我校教职员、学生本奋斗精神，出而主张正义……社会上明此是非，作恶者知所警惕……彼蔡子民近来主张政教分离，今已早见于四川，此尤为可喜者，我见死气沉沉的四川教育界，此校还有此两种精神，不忍使它停顿下去。又经各位挽留和责备，故又来重负责任"①。

张澜的复职标志着革命师生以"挽张"为主要斗争形式的反击取得初

① 参见《国立成都大学校报》第13期。

步胜利，这也标志着"二一六"惨案真相大白于天下后军阀当局企图进行更大规模暴行的阴谋破产。

（四）打响川西武装起义的第一枪

"二一六"惨案后，整个成都地区都处在白色恐怖之中。面对国民党反动派的大屠杀，尽管畏缩者有之，但学校大多数中共党员、共青团员以及"社科社""导社""共进社""新青年革命团"成员，并没有被吓倒。他们沿着"二一六"惨案殉难烈士的血迹继续前进，对敌人更加仇恨。

国立成都师范大学历史系学生、"导社"成员曹培金（即曹荻秋）[①] 在残酷的社会现实面前，深入研究马克思主义理论及各种社会思想、社会问题，并坚定了对马克思主义的信仰，于1929年9月加入中国共产党，成为国立成都师范大学学生运动的主要领导人。他联络学校党员、团员和"导社"成员进行了多项革命运动。

1930年6月，中共四川省委为策动广汉驻军起义，将曹培金（化名曹雪樵）派到广汉担任特委书记（公开的职务则是广汉中学训育主任），进行起义的准备工作。随后，成立起义前敌委员会，由廖恩波、刘达（刘连波）、曹培金（当时党内用名曹健民）等5人组成，廖恩波任书记（廖恩波未来时，由刘达代理）。10月25日晚，他们在广汉中学敲响了起义的钟声。次日，成立了川西地区苏维埃政府，由曹培金代主席。[②]

尽管广汉起义终以寡不敌众而失败，但其在沉寂的川西地区打响了武装起义第一枪，给了国民党反动派以沉重打击，社会也为之震动。由于起义的主要领导者都是校友，加之学校许多学生参加，因此学校引起了反动

---

① 曹荻秋（1909—1976），四川资阳人。原名曹仲榜，在校用名曹培金，化名曹健民。1926年考入国立成都师范大学历史系，1930年毕业。入校后即参加"导社"，1929年秋加入中国共产党。新中国成立后任中共重庆市委第一书记兼市长、中共上海市委书记兼市长。

② 参见中国人民政治协商会议四川省委员会文史资料研究委员会编《四川文史资料选辑》第26辑附录，四川人民出版社，1983年；胡华：《中共党史人物传》第13卷，陕西人民出版社，1984年。

派的注意，许多革命师生被列入了"黑名单"，大批军警深夜包围学校，滥捕无辜。连与校长张澜关系密切的图书馆负责人杜象谷也没能幸免，反动派安给杜象谷的"罪名"是与参加起义的成大学生相"勾结"。在反动派的大肆逮捕下，学校的一些革命学生被迫远走上海、北京等地，进步社团完全解体，校内党组织至此完全转入地下，校内革命活动也由此进入低潮。

（五）彭明晶到青岛、武昌等地参加革命斗争

1921年，彭明晶考入国立成都高等师范学校。1922年秋，吴玉章出任国立成都高等师范学校校长，并聘请恽代英来校任教，学校的马克思主义学习、研究活动因此空前活跃。彭明晶经常研读马克思主义著作，还常常提出自己的见解。恽代英发现他的见解总能切中时弊要害，很是器重他，便经常同他谈论时局，两人很快由师生发展成为知交，一同坦率地探索革命真谛，研究"中国向何处去"等问题。在他俩的影响下，许多师生都开始关心时局，并积极参与了发生于1923年初夏的"反严恭寅事件"。

严恭寅是当时四川省第一中学的校长，此人对校内师生抨击时弊横加阻拦，遭到了学生的殴打。学校随即开除了几名学生，校内因此掀起了罢课风潮。恽代英、彭明晶立即组织学生声援，并且提出了"停止军阀混战""保障人权""保障言论、集会、结社自由"等口号。一时间，多所学校响应，学生纷纷走向街头游行示威。反动政府慌了手脚，派出军警包围了国立成都高等师范学校，搜捕进步师生。恽代英和彭明晶协助进步师生撤离学校后，也趁着黑夜越墙脱险，到了重庆。不久，恽代英南下广州，彭明晶则回到家乡安岳县，在城市贫民和贫苦农民中了解民情。

为了长见识，学本领，结交有识之士，1924年，彭明晶考入山东新开办的私立青岛大学预科，次年转入商科专业。这时，青岛名义上虽已从日本手中收回，但实际上仍在日本势力控制之下。1925年4月，青岛大康、隆兴、富士、钟渊等纱厂、棉厂的日本资本家，阻止工人成立工会，并开

除、逮捕工会活跃分子。全市 3 万多工人举行大罢工。5 月，山东省驻军头目张宗昌下令镇压，打死 6 人，打伤 17 人，逮捕 70 多人，史称"青岛惨案"。各界人士义愤填膺，由胶济铁路总工会发起成立了"青岛惨案后援会"。不久，由于上海发生五卅惨案，便更名为"青沪惨案后援会"。该后援会组织全市群众罢工、罢市、罢课与游行示威。青岛大学的学生会也在此时成立了，彭明晶、罗荣桓、张沈川被选为学生会负责人，彭明晶任学生会主席。学生会决定，从 5 月 31 日开始罢课。

当时，在工科专业学习的罗荣桓，了解到彭明晶曾受吴玉章、恽代英的教诲，思想先进、才华过人，便经常与之接触，很快就成了彭明晶的知心朋友。不久，受青岛市大学生联合会的委托，彭明晶、罗荣桓分别去北京、上海，向广大群众揭露青岛惨案的真相。

1925 年 8 月，彭明晶和胶济铁路总工会代表伦克忠、四方机床厂代表韩文玉一起前往北京。一行人在北京学联的配合下，于中山公园"来今雨轩"举行报告会，向到会的 30 多个团体的代表痛陈青岛惨案的真相。参会代表一致通过了以下五项决议：惩办张宗昌，恢复胶济铁路总工会及其他爱国群众团体，抚恤死难烈士家属，释放被捕工人，赔偿工会损失。在彭明晶的提议下，会上还决定，由到会的各团体代表发起并筹备青岛惨案死难烈士追悼会。不料，张宗昌派到北京的便衣军警，在追悼会举行前将伦克忠抓走，彭明晶也遭到追捕，只得暂时藏身"四川同乡会馆"。

彭明晶回到青岛时，青岛的形势已经大变。全市抗日爱国运动已被勾结日本帝国主义的军阀镇压了下来。彭明晶、张沈川和从上海工作归来的罗荣桓，在血的教训中认识到：教育救国、科学救国、实业救国的道路都是难以走通的；革命只靠少数人、少数城市硬干是不行的；革命必须要有民众的大联合，有强大的实力，才能胜利。

1926 年 7 月，彭明晶离开青岛，来到广州中山大学。在这里，彭明晶和在黄埔军校当教官的恽代英重逢，两人经常来往。这时，恽代英的共产党员身份已经公开，彭明晶便向他提出了入党的请求。这年秋天，恽代英先介绍彭明晶加入了共青团。不久后，转为共产党员。

1926年10月，北伐军攻克武汉三镇。彭明晶受党组织安排北上，并于1927年2月转学至武昌中山大学。他到武昌后的第一件事，就是写信给已回湖南老家的挚友罗荣桓，告诉他革命大业需要人才，盼其迅速来武昌会聚，同时还预先为罗荣桓在武昌中山大学办好了入学手续。然而，当罗荣桓抵达武汉时，蒋介石发动了四一二反革命政变，武汉的形势又发生了大变，学校的革命师生不得不紧急应对。

面对国民党反动派的屠刀，在革命高潮中涌进革命队伍的有些青年被吓倒了，有些退缩不前，也有脱离革命的。但这时，与彭明晶形影不离的罗荣桓，革命意志却十分坚决。当他得知彭明晶已是共产党员时，立即向彭明晶提出了入党的要求。彭明晶很高兴，便介绍罗荣桓加入共青团，还推荐他担任武昌中山大学团支部的组织干事。不久后，罗荣桓转为共产党员。

1927年7月，汪精卫发动七一五反革命政变，国共合作全面破裂。彭明晶按照中共湖北省委的指示转入地下，担任中共武昌市一区区委书记。他和党内同志一起研究斗争任务，常常秘密地到工厂、码头、学校去宣传党的主张，还组织起了工人武装纠查队，发动工人罢工、游行。在彭明晶等人的领导下，7月底，汉口人力车工人首先提出"要饭吃，要生存""反对蒋汪合流"等口号，举行大罢工；8月2日，武汉三镇工人总同盟宣布总罢工，有数千人参加。这时，武昌中山大学学生由于支援震寰纱厂女工的斗争，遭到反动政府的血腥镇压，有9名学生在这场运动中被枪杀。武汉三镇天天捕人，夜夜鸣枪，江边码头成了国民党反动派的杀人场。

在一片白色恐怖下，彭明晶按照上级党组织的指示，安排一批同志撤离武汉。这年夏末，彭明晶在武昌见到了罗荣桓，建议他去湖北南部的通县一带，发动农民暴动，组织农民自卫军，或者去国民政府警卫团，并向他说明警卫团是由叶挺独立团派出的干部组建的，是党所掌握的革命武装。后来，罗荣桓去了通县，组织了农民自卫武装，任党代表，并与未赶上南昌起义的原国民政府警卫团合编。不久，他还参加了毛泽东领导的秋收起义。彭明晶与罗荣桓分别后，仍留在武汉坚持斗争。这时，武汉的环境已十分恶劣。彭明晶的行动已经受到国民党特务的监视。有人劝彭明晶赶快离开，但为了党的事业，他早已将生死置之度外。

1927 年初秋的一天，不幸的事情还是发生了。这天，彭明晶正在法租界一个同志家中秘密召开紧急会议，布置斗争任务。国民党武汉城防司令官胡宗铎得到情报，立即派军警包围了集会地点。彭明晶让到会的同志先从侧门躲到邻家，而他却被冲进来的军警包围。

彭明晶被捕后，中共武汉地下组织采取行动，多方设法营救，却无济于事。胡宗铎和副司令官陶钧得意地说，抓到一个活的，就能再网到百十个活的。他们安排亲信提审彭明晶，先是百般利诱，许诺只要彭明晶供出一两个地下党机关的地址或者党员名单，便能受重奖或者委任官职。彭明晶冷笑着回答说："收起你们这把戏，名单在我心中，你休想得到一个字！"于是，胡宗铎和陶钧便命令手下对彭明晶施以酷刑，可彭明晶依旧毫不屈服。在狱中，彭明晶采取了包括绝食在内的各种斗争，大义凛然地揭露了国民党反动派的罪行。

这年深秋，彭明晶被送至刑场。在告别难友时，彭明晶悲壮地说："要在封建社会的废墟上实现共产主义，免不了要流血牺牲。死，算不得什么，革命的路程尚远，需要千千万万的革命者去奋斗啊！"

二、川大师生参加大革命的现实启示

四川大学拥有 120 多年的办学历史，在革命、建设和改革各个历史时期，广大师生积极投身社会主义事业，为新中国的成立、社会主义建设和改革开放贡献力量。自中国共产党成立以来，四川大学始终与党同发展、共进步，为实现民族独立、人民解放、国家富强而奋斗。在大革命时期，广大师生英勇无畏的斗争精神将永载史册，为新时代红色文化教育提供源源不断的滋养，为"不忘初心、牢记使命"主题教育提供重要内容和精神动力。深入了解大革命时期四川大学涌现的以彭明晶同志为代表的革命英烈，对弘扬爱国主义精神、坚定革命斗争意志、发扬革命斗争精神具有重要启示价值，将为四川大学早日创建成为世界一流大学提供强大而持久的精神动力。

（一）传承红色基因，扎根中国建设世界一流大学

建设世界一流大学离不开正确的办学方向。2016 年 12 月 7 日，习近平总书记在全国高校思想政治工作会议上强调，办好我国高等教育，必须坚持党的领导，保证高校正确的办学方向。坚持正确的办学方向，就要牢牢把握社会主义发展方向，牢固树立"四个意识"，坚定"四个自信"，坚决做到"两个维护"。深入学习革命英烈的光辉事迹，是汲取历史智慧、坚持党的领导的有效途径。

（二）"不忘初心、牢记使命"，发扬以爱国主义为核心的民族精神

革命先烈忧国忧民、舍生忘死的革命意志正是近代以来爱国主义精神的生动书写，是我们党"不忘初心、牢记使命"的精神瑰宝。习近平总书记说："中国人民和中华民族走过的历程，是中国共产党和中国人民用鲜

血、汗水和泪水写就的，充满着苦难和辉煌、曲折和胜利、付出和收获，这是中华民族发展史上不能忘却、不容否定的壮丽篇章，也是中华民族继往开来、奋勇前进的现实基础……一切向前走，都不能忘记走过的路；走得再远、走到再光辉的未来，也不能忘记走过的过去，不能忘记为什么出发。"①

习近平总书记还指出："不忘初心，牢记使命，就不要忘记我们是共产党人，我们是革命者，不要丧失了革命精神。"② 开展"不忘初心、牢记使命"主题教育，就是要通过铭记党的铮铮誓言和重温立党初心，不断加强党性修养，将忠诚担当、勤政廉政、为民造福作为共产党人的精神追求，在提高党的执政能力和领导水平中，永葆党的先进性和纯洁性，永葆党的政治本色。在推进"四个伟大"中，保持与时俱进的理论品质和求真务实的实践特质，成为中国共产党人政治觉悟、道德品质和工作作风的重要体现，是党的优良传统作风的最集中体现和反映，③ 是传承和发扬中国共产党革命精神的重要载体。

（三）铭记革命先烈遗志，坚持和发展社会主义伟大事业

社会主义革命的胜利和伟大事业推进，是在中国共产党的坚强领导下取得的，离不开千千万万革命英烈的浴血牺牲。习近平总书记在庆祝中华人民共和国成立 70 周年大会上强调："前进征程上，我们要坚持中国共产党领导，坚持人民主体地位，坚持中国特色社会主义道路，全面贯彻执行党的基本理论、基本路线、基本方略，不断满足人民对美好生活的向往，不断创造新的历史伟业。"铭记革命历史，继承先烈遗志，有助于激励千

---

① 中共中央党史和文献研究院编《十八大以来重要文献选编（下）》，中央文献出版社，2018 年，第 341−345 页。

② 《习近平在学习贯彻党的十九大精神研讨班开班式上发表重要讲话》，中国政府网，http://www.gov.cn/xinwen/2018−01/05/content_5253681.htm。

③ 黄建国：《新时代开展"不忘初心、牢记使命"主题教育的动因探析》，《汉江师范学院学报》2018 年第 4 期。

千万万中国青年，将中国特色社会主义伟大事业推向前进。

（四）弘扬革命斗争精神，以红色文化培根铸魂

2019 年 8 月，习近平总书记在甘肃考察时强调，新中国是无数革命先烈用鲜血和生命铸就的，要深刻认识红色政权来之不易，新中国来之不易，中国特色社会主义来之不易。同年 9 月，他在河南考察时又强调，革命博物馆、纪念馆、党史馆、烈士陵园等是党和国家红色基因库，要讲好党的故事、革命的故事、根据地的故事、英雄和烈士的故事，加强革命传统教育、爱国主义教育、青少年思想道德教育，把红色基因传承好，确保红色江山永不变色。

在党的二十大报告中，习近平总书记强调，要"弘扬以伟大建党精神为源头的中国共产党人精神谱系，用好红色资源，深入开展社会主义核心价值观宣传教育，深化爱国主义、集体主义、社会主义教育，着力培养担当民族复兴大任的时代新人。推动理想信念教育常态化制度化，持续抓好党史、新中国史、改革开放史、社会主义发展史宣传教育，引导人民知史爱党、知史爱国，不断坚定中国特色社会主义共同理想"。

培养担当民族复兴大任的时代新人，离不开红色文化的滋养。四川大学诞生于民族危亡之际，有着悠久的红色历史和光荣的革命传统。深入挖掘红色资源，弘扬革命斗争精神，是落实立德树人根本任务，为党育人、为国育才的重要举措。

下编　彭明晶传

1938 年，中华人民共和国十大元帅之一、无产阶级革命家、军事家、中国人民解放军杰出领导人罗荣桓在填写党员登记表时，曾亲笔写下这样一段简历："彭明晶同志于 1927 年介绍我加入 C. Y.（共青团）和共产党组织。1927 年大革命失败后，他坚持斗争，不幸被捕，英勇不屈，壮烈牺牲。"

彭明晶烈士的事迹在中共中央党史研究室编辑出版的《革命烈士传》第十辑、中共四川省委党史研究室 1995 年出版的《四川党史》、四川大学党跃武主编的《闪亮的坐标：四川大学革命英烈传略》和党史研究专家黄瑶撰写的《在战斗中成长的罗荣桓》等著述中均有记载。

一、青少时代 立志报国

1899 年，在四川省安岳县城兴隆街 53 号附 2 号的一个平民家庭中，一个男婴呱呱坠地。他就是彭明晶。父亲彭永贞在兴隆街经营一家小酒店，维持一家九口人的贫寒生活。

安岳县位于四川省东部，是一个农业大县，交通闭塞，工商业不发达，经济条件较差。[①] 民国初期，安岳县苛捐杂税繁重，在地主和地方军阀的长期压迫下，当地民众的生活苦不堪言。不仅如此，当时安岳县各种疾病交替发生，甚至产生了传染病的流行，劳动人民深受其害。[②] 彭明晶就在这样的环境中长大，并逐渐萌生了革命志向。

彭永贞育有两子，彭明晖为老大，彭明晶为老二。据彭明晶侄儿、彭明晖之子彭自襄介绍，彭家世代以手工业为生。1935 年，彭永贞去世，家里顶梁柱垮了，一家老小只能靠彭明晖教书的微薄薪水为生。彭明晶牺牲后，家里经济状况更差了，彭自襄母亲有病没钱治，也没吃的，41 岁就去世了。彭明晶在外搞革命，大多都是自费的。同时，因为信任他，家中父母兄妹也都出钱支持。等彭明晶父亲去世后，家里还把地卖了还债。

彭明晶家对面是一座偌大的城隍庙，左面是安岳县衙门，右面紧邻高耸入云的钟鼓楼。其父彭永贞自幼学得一手酿酒的好手艺，凭着祖辈留下来的小作坊和一间临街的铺面，自酿酒，自开店。彭永贞有四个弟妹，还育有两子一女，全家九口人的生存都压在他的头上，即使小酒店生意兴隆，也无法摆脱窘境，曾多次借贷或典当房产，艰难地维持着一家人的生计。

---

① 政协安岳县委员会文史资料研究委员会编《安岳文史资料选辑（第二十六辑）》，内部资料，1991 年，第 166 页。
② 政协安岳县委员会文史资料研究委员会编《安岳文史资料选辑（第二十六辑）》，内部资料，1991 年，第 112 页。

彭明晶在童年时就跟着兄长彭明晖在酿酒作坊和晒粮场上吆赶麻雀和鸡群，不让它们糟蹋粮食。彭明晶有时也去城隍庙玩耍，看到善男信女在神像面前祈求、还愿，回到家中便问父亲：五殿阎王是不是夜管阴日管阳？菩萨是不是有求必应？这些幼稚的问题经常问得父亲不知该如何回答才好。

一天，有个小伙伴问他："你有个二叔，但他为啥长期未回家？"彭明晶也觉得奇怪，回家后就追问父母。其父母怕伤孩子的心，一直未谈过这件伤心事，现在瞒不住了，便如实地讲了出来。

原来，彭明晶的二叔名叫彭元伦，为人正直，精明能干，早年受孙中山先生革命思想的影响，追求进步。因家贫无力上学，彭元伦便找来一座挂钟，拆了装，装好又拆，终于练就了一套修钟技术，这在当时是了不起的本领。后来，他凭着这套本领外出谋生，参加了同盟会，跟着孙中山闹革命。那时，只有达官贵人和财主家才有座钟。于是，他利用自己的修钟技术，去上层人家探听消息，为组织提供了不少情报。

1906年夏季的一天夜晚，彭元伦在广州一个官吏家中，了解到当地驻军的调防情报。他刚将情报传递给革命党人，就被叛徒告密。地方官吏派人追捕。他在忙乱中抓住一把雨伞，从城墙上跳了下去，孰知伞小人重，他跌昏在地，不幸被捕。敌人多次对他严刑拷打，要他招供革命党人的名单和行动计划。他始终坚贞不屈，无一供词，还大骂清王朝腐败无能、祸国殃民，最终被杀害了。

"我长大以后，一定要为二叔报仇雪恨。"听了这件往事，彭明晶稚嫩的脸庞上流下了两行泪珠。父亲训诫说，穷人都有血泪史，深仇大恨只有埋在心底，反抗不仅要丢脑袋，还要殃及家人。"杀亲之仇不报，恶气怎能消呀！"二叔的遭遇在彭明晶的心中留下了一道深深的伤痕。从此，彭明晶的幼小心灵中埋下了为穷人闹翻身、为亲人报家仇的革命种子。[1]

1907年，8岁的彭明晶进入县立高等小学读书，接受启蒙教育。父母

---

[1]　彭自襄：《纪念彭明晶烈士》，载《四川日报》1988年4月29日第2版。

经常教育他要勤学好问，他谨记于心，总是书不离手。每天放学回家后，尽管要为父母看店守桌当助手，他也不忘学习，小酒店的柜台和餐桌，也成了他读书写字的好地方。

1911年，清王朝残酷镇压了广州"三二九"起义（即黄花岗之役），但反清运动依旧此起彼伏，四川的保路运动也风起云涌。彭明晶听到这类消息很是高兴。他将为二叔报仇的希望寄托在革命党人身上，盼望着复仇的日子快快来临。

1911年6月，保路运动升级，同盟会领导的四川革命运动气势高涨，清廷官吏惊恐万状，有的甚至悚惧逃遁。同年8月，吴玉章、龙鸣剑、王天杰等人在荣县领导反清武装起义，9月25日，宣布荣县独立。紧接着，井研、仁寿、威远等县也相继独立。清廷派出盐务巡防军和钦差大臣端方率领鄂军入川，沿长江而上，会师围剿。革命党人夺取了位于川中地带的内江县的反动武装，并与鄂军中的革命党人合谋，在资中县阻止了端方的围剿。10月，武昌的革命党人乘鄂军入川，城内空虚，发动起义并获得成功。辛亥革命胜利，中华民国成立，结束了中国两千多年的封建统治。消息传来，彭明晶及家人欢喜万分，感激革命党人为全家人报仇雪恨。

1916年，彭明晶考入安岳中学旧制第九班。这期间，他深钻苦读，学习用功，备受师生敬佩。当时，四川政局不稳定，校长席位年年易人，由于彭明晶品学兼优，历届校长（范廉三、刘渊明、王本芳、康叔梁）都很器重他。这几位校长都毕业于四川省城高等学堂或国立成都高等师范学校，有的在重庆府中学堂、潼川府中学堂教过书，有的当过教育局局长、中学校长，都颇有学识和名望，对彭明晶的学业也十分上心。因此，每届期终考试，彭明晶均名列前茅。①

---

① 参见《安岳中学志》附录之"人物志：彭明晶"。

第八班（民国十二年一月毕业）

翁必成	刘心斗	史德元	刘隆礼	刘祚永	梁开铭	侯德敷	王佐才
刘廷辅	唐纪鹏	廖鸿瑜	陈毓文	杨明让	邓章璇	孙明远	冀金如
付应构	潘家谋	张良鸿	张曜	刘天瑗	唐文彬	向殿试	唐业昌

第九班（民国十三年一月毕业）

邓慎之	李瑞卿	段希邡	张大浚	李禄荣	尹绍绪	张得一	李代絜
肖方金	文崇禄	龚溥	李光琳	王顺耘	蒋宜崇	邓芳逵	蔡心睿
唐建常	张应贲	简必宇	蔡绍修	陈奉堂	蒋文琮	刘邦修	唐文运
李仁原	王室驹	赵钺朗	区代儒	王太成	刘渖	袁景珊	刘元杰
陶礼和	杨太铭	左世昧	朱秀禄	杨涛	杨礼炎	罗贞潜	彭明晶
肖才宜							

第十班（民国十四年一月毕业）

康代爽	冀正锡	彭大光	雷登科	翁志忠	贺明宜	李代琪	贺杰
王永枭	姚光熙	文丽坪	刘时清	代清临	朱圣智	邓道生	周心窗
吴显拔	杨永泰	胡正邦	何世友	安汝毅	陈仕汉	龚永光	刘繁富
朱秀鼎	陈显耀	邓传稀	罗维塾	文丽碧	魏天成	文德祥	王仁泽
李龙昆	唐显成	龙殿朝	王永乐	姚敏远	廖明瑶	杨昌耕	李代明
康纲鉴	代滑政	张飞鸾	徐光泰	许飞鸣	许文达	文澄钟	王永伟
李定基	肖永弟	蒲有贤					

第十一班（民国十五年一月毕业）

陈其梁	吴应龙	吴绩祖	刘元澹	吴名峰	唐文逵	张家延	漆邦浚
唐廷铠	易传光	童天庆	陈定麟	李再埧	蒲朝元	文定钧	刘元海
袁登章	冯昌炽	代清任	江济恺	龙嗣恺	黄传蒸	邹世级	刘慈李
童正志	李昌武	邹述培	陈劳谷	张廷源	艾述昌	周道修	邹世杰
刘树恩	陈沮云	袁智懋	陶光琼	方定逳	陈天琨	唐文明	安汝襆
舒天行	唐康	刘成弟	沈绍金	舒天街	汇泽汉	唐廷开	廖文仲
刘显阶	蔡心泽	周继绿	代清铣	李盛望	陶礼俭	向珉	康辅纲

第十二班（民国十六年一月毕业）

杨允璧	孙安武	陶通昭	李宗文	刘太乙	刘肇	罗庆富	黄久如
夏益豫	陶礼明	罗发爵	李春申	张良信	杨仁炳	龙嗣伟	代大垣
霍云宇	秦朝锦	夏益图	纪大云	代志宽	李春元	游光助	周镇光
汪裕禄	廖明景	刘云仁	杨德粲	肖志贤	翁志禄	周朝炳	冷明峯
王顺穗	漆邦伯	谢怀德	廖明朗	刘元襄	陶礼体	周永启	刘光德
贺会文	陈晶钟	王永褐	彭延五	王琛玉	汪永喜	汪树鉴	王功伟
陈荣光	傅勃平	陶永福	陈福康	秦万茹	邓崇熙	李荣涵	

第十三班（民国十七年一月毕业）

孙邦治	杨胜万	蒋有泽	唐继要	袁代远	刘显杰	王在围	裴光瑀

《安岳中学志》校友录显示彭明晶为旧制中学第九班学生

041

彭明晶入读安岳中学时，正值孙中山领导的中华革命党粉碎袁世凯复辟帝制阴谋、护国护法革命风暴席卷全国之时。民国初年，在新学制的影响下，旧制安岳中学增设了国文、外文、数学等新式课程。彭明晶一接触到新文化就特别喜欢，苦攻数学，以沉着善思、精明活跃、学业居全班之冠而闻名。

进校不久，老师们就发现彭明晶听课时注意力集中，记忆力强，天资聪敏。每堂课后，老师讲的什么内容、内容有何新意，甚至老师讲课的语调、手势，他都能清楚地说出来，还常常有自己的见解，思维很是活跃。因此，老师和同学都很亲近他。学校一些颇有名气的国文教师见他有才华又勤奋好学，都尽其所长尽心培养。中学期间，彭明晶不仅课堂成绩优异，还喜读课外书籍，报章杂志从不离手，他从中了解到许多国家大事和社会民情，思维也更加活跃了。①

---

① 参见彭自襄：《闹革命甘将热血洒长江》，载《革命先烈彭明晶同志革命事迹简介集》，内部资料，1999年，现藏于安岳中学校史馆；《罗荣桓元帅的入党介绍人——彭明晶烈士传略》，载《四川党史》1991年第5期。

二、入学省城　激发斗志

1921 年，彭明晶以优异的成绩考入当时四川的最高学府——国立成都高等师范学校（简称"成都高师"）。在此求学的这段时间是他学习成长、立志革命的关键时期，也是他接受马克思主义思想并走向革命道路的关键阶段。

成都高师是四川五四运动和新文化运动的策源地，在西南地区影响巨大，与当时的北京高等师范学校（今北京师范大学前身之一）、南京高等师范学校（今南京大学前身之一）、武昌高等师范学校（今武汉大学前身之一）、广东高等师范学校（今中山大学前身之一）、沈阳高等师范学校（今东北大学前身之一）并称为全国六大高师。成都高师的专任教师和在校学生人数，仅次于北京高等师范学校，名列第二；全年经费数额则名列第四。[①]

成都高师师生在四川率先发动"外争国权，内惩国贼"的反帝反封建爱国运动，涌现了一批学生领袖和革命先驱。以王右木为代表的四川中共早期领导人在成都创办了《星期日》（与《湘江评论》齐名）等传播新思潮的进步刊物。学校分预科、专修科、本科，本科下又设国文部、英语部、博物部、数理部。课程设置上注意吸收西方的先进科学成果和启蒙学说，注重教学质量，对学生要求严格。学校不仅在省内高校中首屈一指，在全国也是名列前茅。有大批知名学者曾在校任教，如贺孝齐、邓胥功、蔡锡保、廖平、林山腴、周光鲁、骆成骧、龚道耕等。学校每年还会聘请一些来自日、英、美等国的外籍教员。课堂之外，学校还会为学生提供研究教育和进行实习的场所。

---

① 参见国立成都高等师范学校档案（1916—1927）。

彭明晶进入成都高师时，所见的正是四川被军阀战争捣得四分五裂的残局——"洋货"充斥市场，民族资本工业倒闭，工人失业，民不聊生。当时，四川省内要求"自治"和制定"省宪"的呼声很高。吴玉章以老同盟会员和蜀军政府在中央的议员等身份回川起草了《全川自治联合会》宣言，提出了"改善工农生活""男女平等""保障人权"等12条进步措施。该宣言在各报发表后深得人心，成都高师的学生奔走相告。加之震惊世界的十月革命和五四运动的影响日益深入，成都高师逐渐成为四川宣传新文化、新知识的据点。当时，校内已有四川省学生联合会、"马克思读书会"等组织开展活动，"教育救国""实业救国"等主张也为有志青年所向往。[①]

1922年秋，吴玉章被任命为成都高师校长。不久，他得知恽代英在泸州被军阀扣捕，立即发电报保释，并聘请他到校任教。恽代英应聘到成都高师后，推动了校内的马克思主义学习、研究活动，从各地订购的进步书刊数量也与日俱增。这段时间，学校的马克思主义学习、研究活动极为活跃，彭明晶身处其中，也深受教诲和影响。

彭明晶如饥似渴地阅读马列著作，做笔记，写札记，提出的见解总能切中时弊要害。恽代英很快就发现了他的独特之处，经常找他谈论时局，或谈论军阀混战、民不聊生的痛心事件。两人很快由师生发展为知交。他俩经常一起探索革命真谛，研究"中国向何处去"等问题。经过他俩的宣传和号召，许多师生都开始关心时局，并积极参与了发生于1923年初夏的"反严恭寅事件"。

严恭寅是当时四川省第一中学的校长，因对校内一些教师、学生抨击时弊横加阻挠，被几名学生打倒在地。这一事件发生后，学校当局开除了这几名学生。全校学生对此强烈反对，掀起了罢课风潮。恽代英、彭明晶抓住这个时机，组织学生声援。

---

① 参见彭自襄：《闹革命甘将热血洒长江》，载《革命先烈彭明晶同志革命事迹简介集》，内部资料，1999年，现藏于安岳中学校史馆。

恽代英与彭明晶组织同学们走上街头示威游行，提出"停止军阀混战""保障人权""保障言论、集会、结社自由"等口号。当时，有十多个学校响应，学生们纷纷走上街头，市民们拍手称快。反动当局慌了手脚，忙派军警包围了成都高师，搜查学生宿舍，并到处抓人。在反动军警包围学校后，恽代英和彭明晶两人先是协助进步师生紧急撤离，然后于午夜越墙逃出，同路去重庆。不久，恽代英南下去广州，彭明晶回到家乡安岳隐蔽，并探望父母。①

彭明晶回到家乡后，经常到城内居民和城郊农村中了解民情。一个月后，他对父亲提出想要外出求学。恰好这时，山东新开办了一所私立青岛大学，设有商科专业。彭明晶的父亲考虑到酒业经营需要商业人才，便鼓励他去报考，这正符合彭明晶急于外出的心意。他高兴地答应下来，并决心趁此机会走出去学本领、长见识，结交有识之士，寻求革命真理。②

---

① 参见彭自襄：《罗荣桓元帅的入党介绍人——彭明晶烈士传略》，载《四川党史》1991年第5期。

② 参见彭自襄：《闹革命甘将热血洒长江》，载《革命先烈彭明晶同志革命事迹简介集》，内部资料，1999年，现藏于安岳中学校史馆。

三、他乡求学 深入革命

1923 年，彭明晶考入私立青岛大学预科。这是他人生中第一次离开四川，走向更广阔的天地，去寻找救国救民的道路。

商科學生一覽表

姓名	籍貫	年齡	經過學校	家庭職業	通訊處
程宗坤	博山	十九歲	山東省立第一中校	儒	博山南圖振驛公司
方維城	浙江	二十六歲	浙江省立第七中校	儒	李浙順江錦金
江德昭	威海	二十一歲	威海安立廿堂	商	路煙十台三南嬰山
譚鳳麓	廣東	十九歲	天津新學書院	農	西濤公光三南順山
趙元基	山東	二十一歲	山東省立第十中校	農	城津夏浦
張佐基	江蘇	二十歲	江蘇省立第一中校	農	口湖南慈
張滿傳	湖南	二十二歲	長沙私立發澤中學	農	四川安岳
彭明晶	四川	二十一歲	四川安岳縣立第一中學	教育	樓街四川安岳若鼐鼓

工科學生一覽表

姓名	籍貫	年齡	經過學校	家庭職業	通訊處
張亮	湖南長沙	十九歲	船山中學校	農	山路
李茂顯	山東榮城	二十二歲	濟南正誼中學校	農	榮城黃埠村
鄒紹棠	廣東新會	二十歲	廣东培英中學校	商	大廣南河南寶賚
張謚之	山東濰縣	二十歲	膠州瑞華中學校	農	街濰安北郵囪岡
范鈞	山西忻縣	二十歲	山西忻縣中學校	商	村山西制忻公廠內
李榮植	吉林延吉	二十一歲	吉林省城城文中學及北京弘達學院	農	吉林延吉商六巷
李秀桐	湖南醴陵	二十歲	醴陵縣立中學校	商	溝南懿協陵將束
羅榮桓	湖南衡山	二十一歲	湖南長沙協為學校	商	三區二衍校東

彭明晶在私立青岛大学学生名录中的信息

1924 年 6 月，罗荣桓从北京的补习学校毕业，恰逢私立青岛大学在京招生，便报考了这所学校，并被顺利录取。[①] 这年，彭明晶也从预科升入本科，正式进入商科专业学习。1924 年 8 月，罗荣桓离开北京来到青岛，与彭明晶一起成为私立青岛大学的第一届学生。不过，彭明晶与罗荣桓虽

---

① 据不同的资料记载，有人认为彭明晶于 1923 年考入青岛大学预科，有人认为其于 1924 年和张沈川、罗荣桓一起考入。本文从《在战斗中成长的罗荣桓》和青岛大学的校史资料记载，认定彭为 1923 年考入预科，1924 年考入本科。

为同学，但一开始并不相识。

私立青岛大学校门

1925 年 4 月，继上海日商纱厂工人大罢工后，青岛三万多纱厂工人为抗议日本资本家阻止工人成立工会，开除、追捕和私刑拷打工会活动分子的罪恶行径，举行了大罢工。5 月 29 日，日本帝国主义指使其走狗军阀张宗昌、胶澳督办温树德武力镇压青岛日商纱厂工人大罢工。张宗昌、温树德调集 3000 多名军警包围纱厂，开枪打死工人 6 人，打伤工人 17 人，轻伤者无数，史称"青岛惨案"。这一滔天罪行激起了青岛各界民众的公愤。在中国共产党的领导下，青岛铁路工会邀集全市群众团体成立"青岛惨案后援会"，接着从上海传来五卅惨案的消息，该会又改名为"青沪惨案后援会"，组织群众罢工、罢市、罢课。"青沪惨案后援会"以反对日本帝国主义的经济侵略、抵制日货倾销为宗旨，要求成立"日货检查团"。青岛官府和巨商则以各种合法团体的名义派代表渗入后援会进行破坏活动。为抛开官府代表，"青沪惨案后援会"再次更名为"青岛各界外交促进会"，但军警方还是派荷枪实弹的武装人员闯入会场，横加干涉，导致"日货检查团"终未能成立。

私立青岛大学学生会负责人彭明晶、罗荣桓、张沈川，冲破学校阻挠，召开学生大会，揭露日本资本家勾结军阀屠杀工人的滔天罪行，号召同学们团结起来，拿出行动，支援罢工工人。私立青岛大学带头成立了声援日商纱厂工人罢工运动的学生联合会，张沈川被推选为联合会主席。全校同学个个义愤填膺，斗志昂扬，当即决定罢课，并成立了宣传、义演、募捐等小组，立即开展活动。与此同时，彭明晶等还走出校门，向银行、商店、机关职工揭露"青岛惨案"真相，劝销戏票，将收入用作支援工人罢工的活动经费。他还沿着胶济铁路线到高密、潍县、张店、周村等市镇进行宣传，激发了广大群众的爱国反帝热情。

正是在这次学生运动中，彭明晶结识了罗荣桓，两人谈论起时事来，有很多共同的见解，日渐成了亲密朋友。《在战斗中成长的罗荣桓》一书中，对二人的友谊有一段生动描述：

> 在学生会的负责人中有一位商科同学彭明晶，是四川安岳县人。他在成都读书时曾受到恽代英的教诲，思想进步。他生性活泼，口才又好，与罗荣桓一静一动，性格迥然不同，可却是知心好友。学生会成立后，彭明晶与罗荣桓更是形影不离。同学们反映，在哪里看到彭明晶，就能在哪里找到罗荣桓。

当时，在"实业救国"思想的影响下，彭明晶、张沈川、罗荣桓还发起组织了"三民实业社"。该社吸收同学的投资，每股标价5枚银元，彭明晶、张沈川、罗荣桓等各认一股，共筹集资金300多大洋。他们聘请了一位姓陈的安徽人当技师，生产纱布、药棉、墨水、肥皂、蜡烛等日用品，以此来抵制日货。

然而，当时整个民族工业都受到帝国主义的排挤、压迫，他们的小实业社开办不到一年就夭折了。"实业救国"的破产，使彭明晶等人认识到国家的政治问题不解决，实业就没有出路，中国人民只有摆脱帝国主义的政治侵略和经济剥削，才能建立起独立自主的强国。

为镇压青岛学生的活动，军阀张宗昌从济南赶到青岛，逮捕参与声援工人活动的学生。张沈川、罗荣桓、彭明晶受到通缉，只得到山东的高密、即墨一带农村暂避风头。①

不久，青岛学联派口才好的彭明晶和胶济铁路总工会代表伦克忠、韩文玉一起前往北京，罗荣桓则去往上海，分别向京、沪两市人民宣传"青岛惨案"的真相。为了防备张宗昌的军警检查，彭明晶与罗荣桓相约，以不会引起反动当局注意的张恨水的《春明外史》为密码本，写信时只注明某页某行某字就可互通消息。

彭明晶和伦克忠到北京后，与全国学联取得了联系。在京期间，彭明晶多方面了解社会情况，他深深地感受到北京的一些学生在十月革命和五四运动的影响下，已经坚定地走上了马克思列宁主义指引的道路。

1925 年 7 月，张宗昌派军警先后逮捕了青岛《公民报》主笔胡信之和中共青岛四方支部书记李慰农，查封了大批进步团体，并于 7 月 19 日将胡、李二人杀害。8 月 6 日，在北京学联的配合下，彭明晶等人在北京中山公园"来今雨轩"举行报告会，向到会的 30 多个群众团体代表就"青岛惨案"和胡信之、李慰农两烈士被杀害的真相做长篇报告。彭明晶还将张沈川秘密寄给他的胡信之遗体照片在会上展示了出来，人们看后气愤万分，强烈要求严惩青岛军阀头子，恢复胶济铁路总工会及其他爱国群众团体，抚恤死难烈士家属，释放被捕工人和赔偿工会损失。在彭明晶等人的促成下，与会各团体代表一致决定筹备胡、李两位烈士的追悼会，并推荐全国学联为筹备会委员。次日，李慰农、胡信之同志的追悼会在北长街教育会举行。

不料，张宗昌从山东派到北京的便衣军警捕走了伦克忠，并将其带回山东济南，彭明晶也在敌人的追捕之中。至此，北京的声援活动受挫。危

---

① 朱立辉、陈慈南：《中共无线电报务员第一人张沈川的传奇人生》，《湘潮》2016 年第 2 期。

难之际，彭明晶不得不隐蔽在北京的"四川同乡会馆"内。在这里，彭明晶受到了川籍学者和同学的热情接待，还见到了安岳籍的留日博士肖日博、同盟会成员刘云门和在此复习功课的王永翱、莫正锡等人。彭明晶在得知伦克忠被枪杀的消息后，也顾不得自己了，冒着极大危险与山东学生同乡会联络，要求将伦克忠母亲送回北京。山东学生同乡会通过胶济铁路总工会把伦母送回北京后，便在北京召开了伦克忠烈士追悼会，伦母在追悼会上控诉了张宗昌杀害伦克忠的罪行。当时，彭明晶本计划为伦母筹集一笔抚恤金，以使其安度晚年，但因被军警追捕而未成功，只能潜回青岛大学。

彭明晶回到青岛大学后，青岛的那场抗日爱国运动已被日本帝国主义和中国的军阀镇压下去了，"青沪惨案后援会"也被胶澳督办温树德于当年7月强行解散，敌人四处疯狂捕人、杀人。学生会清算账目后，发现尚有义演募捐余款二百余元。有的同学建议用这笔钱购入一批图书赠给学校图书馆，但罗荣桓和彭明晶坚决不同意，他们看到中共青岛四方支部书记李慰农被敌人杀害后，其老母、妻儿悲痛欲绝、衣食无着，便建议把这笔钱作为抚恤金交给烈士家属。这一建议得到了绝大多数同学的赞同。李慰农的老母得到了这笔抚恤金，便乘船离开了青岛。彭明晶、罗荣桓处理完这件事，这场轰轰烈烈的抗日爱国运动就暂告结束了。

私立青岛大学很快恢复了五卅运动以前的氛围，政治气压低沉，如一潭死水，反动政治熏染日盛一日，校内处于半瘫痪状态。在此情景下，彭明晶、罗荣桓两人常在一起探讨"教育救国""科学救国"，都觉得走不通。这期间，彭明晶、罗荣桓相互交换着北京、上海的见闻，得知广州革命形势发展得很快，国共两党创办了黄埔军校、中山大学等新型学校①，还看到孙中山在共产党的帮助下，改组了国民党，国共合作后，出现了许

---

① 参见《安岳中学志》附录之"人物志：彭明晶"。

多新气象。革命空前活跃的广州，就像磁铁一样吸引着他们。[①] 于是，彭明晶、罗荣桓、张沈川决定分头离开青岛，前往广州。

---

① 邓汉锋：《介绍罗荣桓元帅由共青团员转为共产党员的——彭明晶》，内部资料，1985 年 5 月 30 日。

四、继续战斗　壮烈牺牲

1926 年初夏，彭明晶启程返家探亲，并于 6 月返回私立青岛大学。这时正是国民革命军自广州兴师北伐之时，罗荣桓也已去广州，彭明晶办完离校手续，便赶去广州报考中山大学。在这里，他意外地见到了曾在北京见过的学者刘云门及其学生王永翱、莫正锡——原来刘云门出任广州中山大学教授时，带了王、莫二人来此读"革命"书。在刘云门和同乡同学的指导下，彭明晶顺利考取了中山大学。当彭明晶得知恽代英在黄埔军校任政治教官时，便专程前去请教。他乡遇故知，两人感慨万千，热情洋溢地谈论着重庆一别后革命形势的迅猛发展。此时，恽代英的共产党员身份已经公开，彭明晶就郑重地向恽代英提出了入党的请求。不久，恽代英便介绍彭明晶加入了中国共产主义青年团，后又介绍彭明晶由共青团员转为中共党员。

罗荣桓先一步到广州，因眼睛近视不宜报考黄埔军校，考中山大学时又因外文不好未被录取。他在广州小住了一段时间，读了很多革命书刊，便离开广州，回了湖南老家。彭明晶与罗荣桓同在广州，却始终未能见面。

1926 年 10 月 10 日，北伐军攻克武汉三镇，武昌也办起了中山大学，刘云门受聘到武昌中山大学任教授。因听不懂广东话，彭明晶、王永翱、莫正锡等人要求转学，随刘云门教授一起前往武昌中山大学。

经北伐军广州后方留守处政治部主任孙炳文批准，刘云门带领彭、王、莫等安岳籍学生，携带留守处政治部编印的北伐宣传大纲，从广州出发，途经韶关、赣州、南雄、南昌、九江，沿途宣传，于 1927 年 2 月底到达武汉。那时，武昌中山大学的入学时间已过，不能入学。经刘云门向学校说明沿途宣传误时的特殊情况，校方才勉强准许彭明晶等人入学。彭明晶到武昌中山大学后，立即给罗荣桓写信：我在广州参加了北伐军的一个宣传队，沿途宣传来到武汉，现已转入武昌中山大学读书，请速来此入学……

罗荣桓收到彭明晶的信后，于 4 月 14 日启程。到武汉时，学校已开学两月，但彭明晶早已帮他办好了入学手续，并告诉他说：蒋介石发动四一二反革命政变，大革命处于危险之中，学校师生专心于革命工作，很少上课，不必担心赶不上功课……

这时的武汉，声讨蒋介石、夏斗寅、许克祥叛变，纪念"五卅惨案""沙基惨案"两周年等群众活动此起彼伏。武昌中山大学的学生参加了这些声势浩大的集会、游行示威、街头讲演、化装宣传……从表面上看，武汉的革命气氛依然很浓，但实际上危机四伏，武汉国民政府处在新旧军阀的包围之中，日、英、美帝国主义关闭了他们的企业、银行，资本家抽走了资金，大批工人失业。国民政府为扩充军费，大量发行纸币，结果导致商品奇缺、物价暴涨，暴发了严重的经济危机。武汉的政治舞台大有风云突变之势，一场摧残革命的疾风暴雨就要来临。

在这风云突变之际，罗荣桓怀着坚强的革命意志向彭明晶提出了入党要求。彭明晶告诉他，一个学生要加入党组织，首先需加入共产主义青年团，经考察合格后再转为正式党员。罗荣桓毫不犹豫，表示愿意接受考验。于是，彭明晶介绍罗荣桓加入了共产主义青年团，并推荐其担任武昌中山大学团支部的组织干事。不久，罗荣桓由共青团员转为中共党员，与彭明晶成为生死与共的战友。

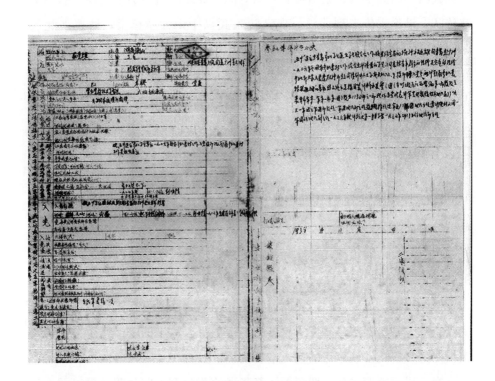

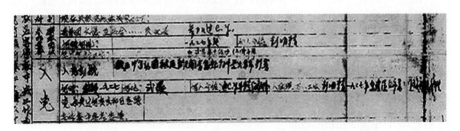

罗荣桓元帅亲笔填写的干部履历表，其入党介绍人为彭明晶

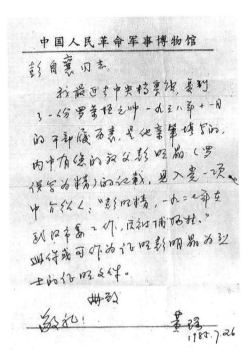

**1985 年，中国人民革命军事博物馆《罗荣桓传》编写组副组长
黄瑶同志寄给彭自襄的信件**

在汪精卫发动"七一五"反革命政变后，有人转入地下，有人离开武汉，大家都很少见面。这时，彭明晶已转入地下，并接任中共武昌区委书记，担负起地下工作的重担。他以饱满的热情、卓越的组织才能和坚强的革命意志，到工厂、码头、学校、工会秘密地布置革命任务，宣传党的主张，驳斥国民党反动派对我们党的攻击和诽谤，强调工人纠察队的作用，积极组织工人武装，发动工人罢工、游行等斗争活动。

一天，罗荣桓突然见到彭明晶，压抑着惊喜的心情低声问道："好几天未见你了，我真担心……"

彭明晶见周围没有人，便低声说："我已调动工作，今后我们恐不能再经常见面了……"

罗荣桓点点头，知道彭明晶已转入地下，也懂得地下工作的规则，便没再多问什么。

沉默片刻，还是彭明晶先开口，问罗荣桓："你还是按原计划到通城去吗？"

"我明天就走。"罗荣桓回答。

彭明晶说："最近车站、码头盘查很严，组织上为了保护同志，号召已暴露的党员立即转入贺龙的二十军和武汉国民政府警卫团……"

罗荣桓早就听说二十军在党内的影响很大，也听说有些同志已经到这个部队去了，但还不了解武汉国民政府警卫团同党的关系，以为其是国民党张发奎的队伍。

彭明晶解释道："这个警卫团是由叶挺独立团派干部去组建的，团长卢德铭是我们的同志。为了接纳武汉不能存身的学生，他们专门编了一个连，你如果不能去鄂西，也可以走这条路，到部队去，可能还安全些……"

罗荣桓坚定地说："既然组织已经决定了，我还是到通城去。我在家乡做过农运工作，对这个工作并不陌生，现在要反击敌人，兵运、农运都一样，至于安全，我会注意的。眼看着那么多同志被敌人杀害，我最希望的就是报仇……"

"对，"彭明晶握住罗荣桓的手说，"同志们的血不能白流。"

临别时，这两位同窗三年的战友依依不舍，只能一遍一遍地相互嘱咐，相互勉励。

第二天，罗荣桓启程了。由于车站盘查很紧，他只坐了一段火车，就步行到了通城，在那里发展农民运动，组织农民自卫队，打击地主势力。后来，他又同卢德铭团长接头，智取了通城，开展了如火如荼的革命斗争。

彭明晶则继续在武汉严重的白色恐怖下，组织工人采取一切可以利用的形式坚持革命斗争。一天，他在武汉法租界内秘密召开紧急会议，布置斗争任务时，被便衣特务盯梢，遭反动军阀夏斗寅的部队捕去。党组织得到消息后，曾多方设法营救，但都未成功。

彭明晶在狱中进行了包括绝食在内的各种形式的斗争，大义凛然地揭露国民党的反动本质和卑劣行径。当彭明晶得知自己将要牺牲后，对狱中的同志说："要在封建社会的废墟上推行共产主义，免不了流血牺牲，死，算不得什么，还需要千千万万的革命者去奋斗啊！"

1927年秋，武汉汪精卫政府密令军阀夏斗寅枪杀彭明晶。这位才华横溢、年轻的共产党员以短暂的一生，谱写了一曲壮丽的生命之歌。安岳街头传遍彭明晶被杀的消息，家人也在报纸上看到了彭明晶和另外十名革命同志遇难的消息，悲痛之情不可言状，但都不敢让彭明晶的父亲知道。在彭父再三索要报纸时，家人只好把报纸上彭明晶的名字挖掉，借以搪塞。但纸包不住火，彭父最终还是打听到噩耗，悲痛欲绝，从此卧病不起。不久后，家里突然收到一封厚厚的信，是以彭明晶"未婚妻"的名义写的，其中谈了彭明晶的英勇革命事迹和共产党人临死不屈的坚强品质。不过可惜的是，这份珍贵的革命历史信件在当时的政治形势中只能被烧毁，没能保存下来。

而在通城，曾经亲密无间的战友罗荣桓得知噩耗，万分悲痛地说："怎能料到，上一次道别竟是永别呢？"

五、英雄事迹　不朽丰碑

彭明晶烈士壮烈牺牲后，在很长一段时间里，其英雄事迹被湮没在历史尘埃中，鲜为人知。

1978年，中国人民革命军事博物馆《罗荣桓传》编写组工作人员在查阅罗荣桓的档案时，发现了其入党介绍人"彭明精（晶）"这个名字。他和罗荣桓元帅是怎样建立起同志关系的？有哪些革命业绩？这些信息对于撰写罗荣桓传记是十分必要的。于是，编写组的同志做了十分艰辛的调查，终于了解到大革命时期彭明晶在青岛、广州、武汉开展革命活动，最后壮烈牺牲的事迹。接着，编写组副组长黄瑶在翻阅青岛大学的同学录时，突然查到了彭明晶烈士是四川安岳县人。他立即找到时任全国政协委员、安岳县政协副主席曾永年，希望其提供关于彭明晶、罗荣桓革命事迹的资料，或相关线索和知情人。

曾永年和安岳县政协的同志很快把这件事向县领导做了汇报。安岳县委、县政府立即组织力量在全县查访。县委组织部、县委党史资料征集委员会的邓汉锋、罗孝大等同志，则动身前往武汉等彭明晶曾经活动过的地方，试图寻找彭明晶烈士的亲属。

安岳县城内的老年人全都询问过了，回答都是"不知道"。各区、各乡组织调查，亦无结果。县广播电台多次广播询问，没有丝毫信息。县政府安排人员在彭姓人最多的云峰乡、石羊区、姚市镇等乡镇逐个询问、查找，半年过去了，仍无人前来与彭明晶烈士认亲。

一天，邓汉锋无意中从成都的陈方毅老先生处了解到：安岳县城隍庙对面的彭家酒店，就是彭明晶的老家；找到他的亲属，就能找到一些线索。

邓汉锋喜出望外，立即将这一情况报告给安岳县政协。时任安岳县政协副主席蔡绍云和秘书长陶惜芬，拖着年迈带病的身体，兴冲冲地来到城隍庙的对面，果然找到了彭明晶烈士的老家。彭明晶烈士的一个侄女——退休教师彭自琛，仍然住在当年小酒店的后房里，其余六个侄儿侄女都去外地工作了。

此后，彭明晶的侄儿彭自襄和彭自灿两位老人积极参与调查，费尽周折。彭自襄当时在新华社四川分社工作，可利用工作之便，以书信形式向有关人员查证。据彭自襄回忆，他先后和彭明晶烈士的同学张沈川、陈是斋，《罗荣桓传》编写组副组长黄瑶等人通信，了解彭明晶烈士的事迹。

1984年6月25日，安岳县民政局给中国人民革命军事博物馆《罗荣桓传》编写组去函，了解彭明晶烈士情况。同年7月，编写组回函确认了彭明晶是罗荣桓同志的入党介绍人。彭明晶同志和罗荣桓同志是1924年秋至1927年夏在私立青岛大学的同学。这期间，爆发五卅运动，他们二人都是校学生会的负责人，积极参加了这一运动。罗荣桓同志的入党时间在1927年4、5月间，入党地点是武昌中山大学。据彭明晶同志的老同学张沈川回忆，彭明晶烈士于1927年秋季在汉口被敌人逮捕，英勇就义。

1985年3月20日，时年85岁的张沈川写了一份两千多字的材料，经全国政协机关党委办公室审阅签章后，寄给安岳县政府和县委党史资料征集委员会。张老用饱含激情之笔，追述了彭明晶在青岛反帝爱国运动中的英雄业绩，以及1927年在武昌担任区委书记时不幸被捕、英勇就义的事实。张老希望安岳县为彭明晶烈士立传，以资纪念，并用以教育后代。

1985年5月30日，邓汉锋同志经过多方调研和了解后，整理形成《介绍罗荣桓元帅由共青团员转为共产党员的——彭明晶》一文，详细记述了彭明晶和罗荣桓相识相知的过程，以及其介绍罗荣桓由团转党的经过。

至此，彭明晶短暂而光辉的一生终于抖落尘埃，被世人看见。1985年7月3日，四川省人民政府正式行文，追认彭明晶为革命烈士。四川大学英烈碑上，又多了一个熠熠生辉、光照千古的名字。

附　录

附录1 安岳县民政局整理的《彭明晶生平简介》

彭明晶，1899年出生于四川省安岳县岳阳镇。1907年进入县立高等小学读书。1916年就读于安岳县立中学。1921年离家，进入国立成都高等师范学校念书，在校长吴玉章、教师恽代英的教诲和校内四川省学生联合会、"马克思主义研究会"①的影响下，走上追求真理和革命的道路。

1923年，在惩治省一中校长阎乐锦②事件中，军警包围了学校，彭明晶与恽代英午夜越墙脱险。

1924年秋，进入山东私立青岛大学商科，与预科罗荣桓经常交往，成了亲密的朋友。

1925年，青岛惨案后援会成立，彭明晶与罗荣桓、张沈川担任青大学生会负责人，组织罢课、示威和话剧演出，筹集支援基金。8月与铁路工会伦克忠去北京，联系上海学联、全国学联，在中山公园来今雨轩举行招待会，向30多个团体代表揭露青岛惨案及中共四方支部书记李慰农、《公民报》记者胡信之被杀真相，提出惩办张宗昌等五项要求，决议由到会团体发起召开李、胡两烈士追悼会。

1926年，彭明晶考入中山大学。经恽代英介绍加入中国共产主义青年团，后转为中共党员。

1927年初，彭明晶转学武昌中山大学，途中参加北伐军宣传队的宣传工作。4月，约请并协助罗荣桓来武昌，插入武昌中山大学理学院读书。四一二反革命政变后，武汉危机四伏，他介绍罗荣桓加入中国共产主义青年团，并担任武昌中山大学团支部组织委员。7月15日，蒋汪合流，宣布

---

① 即王右木组织成立的"马克思读书会"。
② 据作者考证，阎乐锦即严恭寅。

"清共"，彭明晶转入地下，接任武昌市一区区委书记职务，组织工人纠察队，发动工人罢工。9月，彭明晶在法租界一秘密点召开紧急会议，布置斗争任务，被武汉城防警备司令胡宗铎所部逮捕。地下党多方营救未果，在反动军警利诱和严刑拷打下，坚贞不屈，被害时年仅28岁。

彭明晶同志忠于革命事业，为革命牺牲的事迹，永活在人民的心中。

1985年7月3日，四川省人民政府追认彭明晶为革命烈士。

安岳县民政局

一九八八年八月二十七日

附录2　四川省人民政府
关于同意追认彭明晶为革命烈士的批复

（川府民政〔1985〕99号）

内江地区行政公署并安岳县人民政府：

内署民〔1985〕01号报告悉。

安岳县岳阳镇彭明晶（中共党员），一九二七年秋在汉口因执行革命任务，被敌人逮捕，后壮烈牺牲。根据《革命烈士褒扬条例》的有关规定，省人民政府同意追认彭明晶为革命烈士。

此复

四川省人民政府

一九八五年七月三日

四川省人民政府关于同意追认彭明晶为革命烈士的复函

附录3　中国人民革命军事博物馆的证明材料

安岳县民政局：

你局六月二十五日关于了解彭明晶烈士情况的来函收悉。

据罗荣桓同志档案中履历表记载，彭明晶是罗荣桓同志的入党介绍人。罗荣桓同志入党时间是一九二七年四、五月间。所在单位是武昌中山大学。

据我们了解，彭明晶同志和罗荣桓同志在一九二四年秋到一九二七年夏在青岛大学同学。这一期间，爆发"五卅"运动，他们二人都是青大学生会的负责人，积极参加了这一运动。

据彭明晶同志老同学张沈川（现为全国政协委员）回忆，彭明晶烈士一九二七年秋季在汉口被敌人逮捕，英勇就义。

　　此致
敬礼！

中国人民革命军事博物馆《罗荣桓传》编写组

一九八四年七月十日

000028

附件：军事博物馆的证明材料

安岳县民政局：

你局六月二十五日关于了解彭明晶烈士情况的来函收悉。

据罗荣恒同志档案中的履历表记载，彭明晶是罗荣恒同志的入党介绍人。罗荣恒同志入党时间是一九二七年四、五月间，所在单位是武昌中山大学。

据我们了解，彭明晶同志和罗荣恒同志在一九二四年秋到一九二六年夏在青岛大学同学。这一期间，爆发"五卅"运动。他们二人都是青大学生会的负责人，积极参加了这一运动。

据彭明晶同志的老同学张沈川〔现为全国政协委员〕回忆，彭明晶烈士一九二七年秋季在汉口被敌人逮捕，英勇就义。

此致

敬礼！

中国人民革命军事博物馆

《罗荣恒传》编写组

一九八四年七月十日

7.

1984年中国人民革命军事博物馆《罗荣桓传》编写组出具的证明材料

附录4 纪念彭明晶烈士殉难六十一周年

张沈川

　　1924年下半年至1926年上半年，彭明晶同志和我在山东私立青岛大学是同班同学。青岛地处海滨，十分幽静，风景优美，气候宜人，有良好的读书环境。可是北洋军阀政府仰日本帝国主义的鼻息。1922年，青岛虽已由中国政府收回，但在政治、经济上，日本仍有支配和操纵的权力。在政治上，日本海军舰队时来胶州湾，海军陆战队几千人一队一队地在街上横冲直撞，耀武扬威。在经济上，日本设立了不少公私银行、洋行、会社，整条整条街道都是日本商店，中国店铺也销日货。尤其是日帝凭借不平等条约和享有的特权，利用山东廉价的农产品——棉花、花生、小麦和低微的工资等有利条件，在青岛开办了几家纱厂及火柴、面粉、油等工厂，男、女童工六万余人。我国的民族资本在日帝的经济操纵下，很难发展。由于受到"实业救国"论的影响，青大学生罗荣桓、彭明晶、我等发起组织"三民实业社"集股，每股银元五枚，我们各认一股，（筹集）资金三百多元，聘请陈技师（安徽人）制造墨水、肥皂、蜡烛、纱布、药棉等，这样的小手工业，怎能和日本大机械工业产品竞争？加之经营不善，不到一年，连本都亏了。"实业救国"论的破产，（使我们）受到了深刻的教育，中国人民如何摆脱帝国主义的政治压迫和经济剥削，建立独立自主的强国，成了我们青年积极探索的首要问题。

　　五四运动以后，中国工人阶级以独立的力量登上了政治舞台。中国共产党成立后，中国工人阶级有了自己的政治领袖，逐步成立了工会组织。工人对资本家由经济斗争进到政治斗争。青岛日本纱厂工人，在日帝及其走狗封建军阀的重重压迫剥削下，到了难以生存的地步。在上海、广东等地工人运动不断发展的鼓舞下，青岛日本大康、内外棉等纱厂工人，为成立工会、增加工资、保障工人合法权利，开展了斗争，由于中国官厅严密封锁消息，青岛市民都不知道。

1925年5月9日下午，青岛四方机厂工人韩文玉到青大学生会，送一句（页）传单，并详述了日本大康、内外棉等纱厂工人罢工一事。日帝迫使军阀张宗昌武力镇压，胶澳督办温树德奉张宗昌之命，调派陆军、海军陆战队、警察、保安队等包围大康纱厂，向工人开枪射击，当场打死工人八名，重伤十多人，轻伤八十人，逮捕七十多人。有的工人为了逃命，钻进下水道，被日本资本家用棉花包堵塞而闷死，有的被捆绑抛入海内淹死，有的在车间自杀，究竟死了多少工人，没查清楚。工人被押回原籍而失业的三千多人，极为悲惨！日帝及其走狗张宗昌犯了这样大滔天罪行，还不让中国人民知道。他们检查青岛四方的邮电、新闻稿件，须经警察厅审查批准后，才能登报。因此，这样重大的惨案，青岛市民都不知道。

根据这种情况，青大学生会成员罗荣桓、彭明晶、我等，当晚召开全体学生大会，决定从明天起罢课，支援纱厂罢工工人。半夜后，拟就宣言、传单，各油印五千份。5月30日上午，青大宣布罢课，同学们分赴全市各处，散发宣言、传单。同日上午，青岛学联召开紧急会议，决定全市各校（日本人办的学校除外）同时罢课，印发宣言、传单，组织宣传队，向全体市民揭露日本纱厂惨案真相。这一天，青岛学联、胶济铁路总工会、《公民报》馆、天文台等团体取得联系，讨论支援罢工工人事宜，接着召开会议，决定成立"青岛惨案后援会"，扩大宣传组织，以实际行动，支援罢工工人，积极开展反日爱国运动。

青岛学联宣传队，除在本市进行宣传外，还派几个队，沿胶济铁路线的高密、潍县、青州、济南等地揭露日帝及其走狗张宗昌屠杀工人的血腥罪行，掀起了广大人民群众反帝反封建的高潮。上海五卅惨案消息传来青岛，更加激起工人、学生、全体市民对日帝的仇恨。"青岛惨案后援会"于6月初召开紧急会议，决定将"青岛惨案后援会"改为"青沪惨案后援会"，召开群众大会，游行示威，散发宣言、传单，揭露惨案真相，募集救济金，支援青、沪两地罢工工人，抵制日货，敦请政府实行对日经济绝交。

大学会（学生会）成立话剧团，借得剧院，演出两场话剧。为了募款，罗荣桓、彭明晶、我等向银行、商店、机关劝销戏票，共收入一千二百多银元，支援青、沪两地罢工工人。为了扩大宣传活动，青岛学联派代表罗荣桓去上海，彭明晶去北京，揭露青岛纱厂惨案真相。

根据"青沪惨案后援会"抵制日货的决议，组织"日货检查团"。但日本帝国主义在青岛的政治、经济势力还强大，日货充斥整个青岛市场，要检查日货，必然要受到日帝及封建军阀、奸商的强烈反对。果然，有些参加后援会的团体代表，利用各种机会，反对成立"日货检查团"。青岛警备司令部公然派武装军警包围后援会的会场，进行破坏。"青沪惨案后援会"开会，决定另组"青岛各界外交促进会"，拒绝官方的代表参加，因而更加引起官厅的仇视。"日货检查团"一直未能组成。

7月中旬，温树德秉承张宗昌的意旨，命令武装军警解散"胶济铁路工人沪案后援会"，摘掉日本纱厂工会的牌子，强迫工人复工，逮捕王伦（李慰农）和《公民报》主笔胡信之，并于7月29日杀害于青岛。罗荣桓和我逃匿胶东农村。这时彭明晶和胶济铁路总工会代表伦克忠在北京，与全国学联等团体联系。我将胡信之烈士遗体照片藏在别人照片底下寄给彭，并定下写密信办法。8月6日，彭、伦去中山公园"来今雨轩"举行招待会，到会团体三十多个，彭、伦详述了青岛纱厂惨象，王、胡两烈士被杀害经过，出示胡烈士遗体照片，到会人士极为愤慨！（各团体代表）一致通过了惩办反动军阀张宗昌等五项要求，还决定由当天到会各团体发起，筹备王、胡烈士追悼会，推全国学联等团体为筹备委员，定于第二天在北长街教育会内开筹备会。不料张宗昌派出便衣军警将伦克忠同志捕回济南，立即枪杀。北京的支援活动，在反动当局的压制下，受到了大的挫折。

伦克忠同志牺牲后，胶济铁路工人将伦母送到北京。彭明晶同志和山东同乡会员负责人联系，筹备为伦烈士开追悼会，并拟为伦母募措抚恤金，因官厅不断压制未成。伦母回济南，彭明晶同志潜回青大。青岛工人、学生、全体市民的反日爱国运动，终于被军阀张宗昌武力镇压下去了。

1926年下半年，罗荣桓、彭明晶、我等都到革命策源地——广州，我去中山大学学习五个月后，退学参加革命工作。

1927年上半年，罗荣桓、彭明晶、我都去武汉。我去国民革命军总政治部（秘书长恽代英）工作，罗去中山大学学习。5月，罗告我他入了团，我告他，我入了党。和彭明晶见面两次，未说团、党问题，以后未见面了。1949年1月，在河北省平山县西柏坡，罗荣桓同志告我，彭明晶同志于1927年秋在武汉任党的区委书记时，被捕牺牲了，同深惋惜。前两年彭自襄同志多方调查，证实了彭明晶同志牺牲的情况，足慰下怀。

彭明晶烈士离开我们六十一年了。每念及当时同他在一起进行反日爱国运动的情景，他的英雄形象，就显现在我的眼帘。

彭明晶烈士为革命事业，为挽救国家、民族危亡而捐躯的伟大襟怀和高风亮节，光耀千秋。生长在新中国的年轻一代，要清楚地认识到革命的胜利确实来之不易，要万分珍惜我们已经得到的胜利果实，要把先烈们不怕苦、不怕死的革命干劲，埋头实干、英勇奋斗、甘当无名小卒的优良素质，坚贞不屈、视死如归，忠于党、忠于人民、忠于革命事业的崇高品德，统统学到手，言传身教，传给后代。

现在，我们四化建设的前景十分光明。但是我们的任务还十分繁重，工作还十分艰苦。我们要扫净官气，端正党风，坚决和一切不利于党、不利于国、不利于民的腐败现象作斗争，过好改革、开放关。要经得起革命实践的检验，做一个名副其实的共产党员，就一定要认真学习马列主义、毛泽东思想的基本原理，实事求是，一切从实际出发，扫除实现四化建设过程中的障碍，老老实实，不折不扣，坚决把党中央的路线、方针、政策，交给广大人民群众来掌握，转化为建设物质、精神文明的强大动力，充分发扬民主，健全法制，尽可能快地建成具有中国特色的社会主义强国，完成先烈们未完成的光辉事业。

一九八八年八月六日

附录 5　张沈川写给彭自襄的介绍彭明晶革命事迹的书信

自襄同志:

2月23日信、安岳县民政局信及20份材料均收到,谢谢。

近几个月,从我老伴患病到上月十八日去世,累得我没时间、没精力干别的事情了。

这两天,我为你叔明晶同志写了份两千多字的证明材料,详述了他在一九二五年青岛人民反帝爱国运动中的积极表现和一九二七年下半年在武昌任区委书记时被捕牺牲的事迹。并请该局考虑我下述的意见。

(一)一九二七年上半年,我在武昌两次见到彭明晶同志,他确实在武昌。

(二)他介绍罗荣桓加入共青团,是确实的。这充分证明他当时不是共产党员就是共青团员。这是可以肯定的。

(三)大革命失败后,我确实听说过一九二七年下半年,明晶同志任武昌某区区委书记时被捕牺牲了。可是,对告诉我的人,想不起来。

(四)"彭明晶未婚妻的信",所告明晶同志任武昌某区区(委)书记,并在召开的区委会议时(上)被捕牺牲的,这是可信的。当时四川白色恐怖也很严重,你祖父因怕受到株连而将该信毁掉了。这也是可以理解的。

(五)大革命失败后,国民党反革命政府屠杀共产党人千千万万,公布过什么"罪状",登载过报纸呢?

基于上述理由,我认为现在应该追认彭明晶同志为革命烈士。并请该局收这份材料用后转交安岳县委党史资料征集委员会,在该县党史资料中为彭明晶同志立传,以资表扬,教育后代。

材料昨交全国政协机关党委办公室阅转该局(挂号付邮)。

陈举其人，未参加革命，当时又未到过武汉，他怎么会知道明晶同志的革命事迹呢？陈的地址我不知道。

勿念

近好！

张沈川，1985 年 3 月 20 日

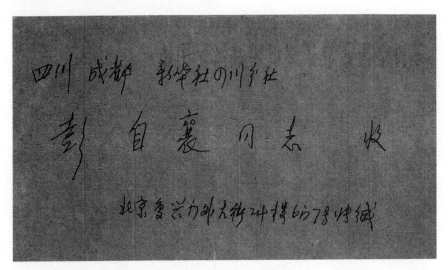

1985年，中国共产党无线电通信事业的创始人之一、彭明晶烈士生前
战友张沈川先生亲笔撰写的彭明晶革命事迹证明材料

附录6　彭明晶青岛大学同学陈是斋
写给彭自襄的信

自襄世兄如晤：

9月10日在青岛舍下一度欢叙，深感未得招待酒饭为歉。几日来老同学彭明晶烈士形象又多次闪耀在我的前面，当年他那长身玉立的翩翩英姿与口若悬河的演讲，又使我看了一场忆旧的电影。在他当选第二任私立青岛大学学生会主席不久，为了响应上海五卅惨案罢工、罢学、罢市运动，在学校大礼堂里，他身穿长衫，直立台上，右手叉腰，左手摆动，以悲愤的激情，对全体同学说明（为）打倒日本帝国主义，罢课游行的理由与组织前进的办法，讲得条理分明，博得同学们群情激奋、热烈鼓掌、一致行动。每次忆及，仍有热血沸腾之感。彭明晶烈士的形象极似去安源的毛主席画像，也穿着长衫，也是精采瘦劲的体格，只是没有手持雨伞罢了。

为什么他是第二任的学生会主席呢？我在1981年9月15日寄给罗荣桓传记编写组的《回忆老同学彭明晶》的简短小文里，虽曾提到第一任主席因为内部争吵，坚决辞职不干了，可是未曾说明那人是谁。今天有必要告知你，那人就是当年的我！当时的社会陋俗，有南派、北派之争。比如，胶济铁路局一时有南方人当了局长，就把下属的职员都换成南方人；一时北方人当了局长，就把下属的职员都换成北方人！不料在私立青岛大学的同学间也受到了相互倾轧的影响！因为我是天津人，属北方人，能说北京话，当众传达一些事情比较能说清楚，同学中又以山东人居多数，所以我就当选为学生会的第一任主席了。可是在短期内就发生了南派与北派的无谓争吵，什么国民党新中派啊，什么国民党特务呀，又是什么共产党分子呀，等等，大有叫我这个傀儡无法应付之势，有的甚至强迫我、威胁我、排挤我。我那时的志愿是将来当一名铁路工程师，一心想要以修铁路作贡献，既不想当官，也不想发财，万万没想到当选了学生会主席，接受了无辜的飞灾，消耗集中的精力，因此我就当众辞职，说什么也不干了。先是有许多人挽留我，可是也有人暗算我、讽刺我，我辞职更坚决了，就躲在自习室不参加任何会议！他们不得已才召开全体学生大会改选第二任学生会主席。那时彭明晶属于南派，但是他也符合北派的人望，所以他就当选第二任主席了。

我在支援上海五卅惨案、高喊打倒日本帝国主义运动中，为了尽一份爱国力量，就参加了讲演组，到街口、码头讲演，也参加了演剧组在永安大戏院演话剧。至于是否有什么青岛学联会或是否以私立青岛大学为主搞串联会，我就不清楚了。

1981 年 8 月间，罗荣桓传记编写组来函向我征询彭明晶烈士的事迹，当时我写了一篇《回忆老同学彭明晶》，现在我找出了原复写的底稿，附上供参考。

我于 1985 年 3 月 3 日寄你的信，经查底稿，有两处写错了：一是 1925 年五卅惨案运动，错写成 1927 年；二是曾说写过四小段文字，实际上勉强算是写了三小段文字，并请更正。

另附《闹革命甘将热泪洒长江——彭明晶烈士传记》一文的个别排印字勘误表一份。

希望你再来青岛，我们多有欢畅喜聚的机会。

再谈，敬祝

幸福、进步！

陈是斋

1988 年 9 月 12 日

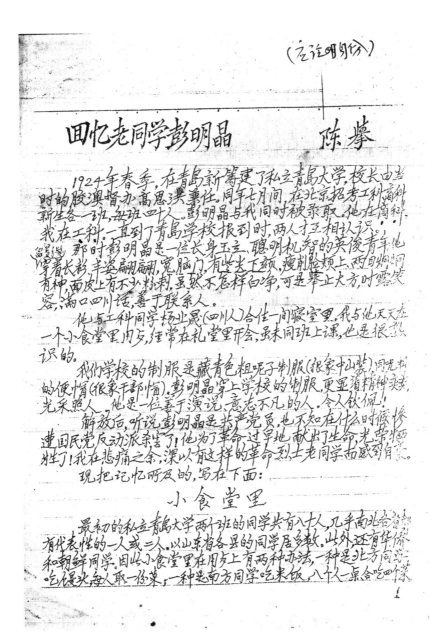

（无证明身份）

回忆老同学彭明晶　　陈攀

1924年春季，在青岛新筹建了私立青岛大学,校长由当时的胶澳督办高恩洪兼任.同年七月间,在北京招考工科商科新生各一班,每班四十人.彭明晶与我同时被录取,他在商科,我在工科.一直到了青岛学校报到时,两人才互相认识.那时彭明晶是一位长身玉立、聪明机智的英俊青年.他穿着长衫,丰姿翩翩翩,宽脑门,有些尖下额,瘦削脸颊上,两目炯炯有神.面皮上有不少粉刺,虽然不怎样白净,可是举止大方,时露笑容,满口四川话,善于联系人.

他与工科同学杨业晟(四川人)合住一间寝室里.我与他天天在一个小食堂里用饭,往常在礼堂里开会,虽未同班上课,也是很熟识的.

我们学校的制服是藏青色粗呢子制服(很象中山装),同呢料的便帽(很象干部帽).彭明晶穿上学校的制服,更显着精神爽朗,光采照人.他是一位善于演说,意志不凡的人.令人钦佩!

解放后,听说彭明晶是共产党员,也不知在什么时候惨遭国民党反动派杀害了!他为了革命过早地献出了生命,光荣牺牲了!我在悲痛之余,深以有这样的革命烈士老同学而感到自豪.

现把记忆所及的,写在下面:

小 食 堂 里

最初的私立青岛大学两个班的同学共有八十人,几乎南北省都有代表性的一人或二人.以山东省各县的同学居多数.此外还有华侨和朝鲜同学.因此小食堂里在用饭上有两种办法,一种是北方同学吃馒头,每人取一样菜,一种是南方同学吃米饭.八个人一桌合吃四个

1

陈是斋（陈举）回忆彭明晶在校革命活动手稿

附录7　在纪念彭明晶烈士牺牲六十一周年
大会上的讲话

乔耀海

同志们：

今天，我们怀着无比崇敬的心情，在这里纪念忠诚的共产主义战士、安岳人民的优秀儿子彭明晶烈士牺牲六十一周年。我代表中共安岳县委和全县一百四十一万人民向彭明晶烈士的英灵表示深切的哀悼，向烈士的亲属表示亲切的慰问，向前来参加纪念活动的各位领导和同志表示热烈的欢迎。

彭明晶烈士是我党早期入党的优秀党员，忠诚的共产主义战士。他于1899年在安岳县岳阳镇出生，1921年进入成都高等师范学校学习，同该校教师、著名共产党员恽代英结成亲密学友，开始接近革命。

1924年，彭明晶考入青岛大学商科班学习。在学生运动中，他与志同道合的罗荣桓同学结为密友。1926年，彭明晶同志离开青岛，前往广州寻求革命真理，在广州见到了日思夜想的恽代英同志，经恽代英介绍光荣加入了中国共产主义青年团，不久转为中共党员。10月，组织派他到武昌中山大学做党的宣传发动工作。他一到武昌即写信叫已回到湖南老家的罗荣桓速到武昌。罗荣桓到武昌后知道了彭明晶同志的真实身份，立即向他提出了入党请求。彭明晶同志从他俩长期患难相处的革命活动中，知道罗荣桓同志是一个有坚定革命信念的人，毅然介绍了罗荣桓同志入团并转党。从此，罗荣桓同志走上了革命的道路，在漫长的革命征途中身经百战，为党和人民的革命事业作出了卓越的贡献，成为人民崇敬和爱戴的元帅。

1927年7月，武汉发生"七一五"事件，汪精卫悍然撕毁国共协议，公开与共产党决裂，白色恐怖笼罩着武汉。在这样的情况下，彭明晶同志接任了中共武昌市一区区委书记职务。面对严峻的局势，彭明晶同志将自己的生死置之度外，经常秘密深入工厂、学校、码头宣传党的主张，坚持革命斗争。同年 9 月，在法租界召开紧急会议时被敌人觉察和包围，彭明晶同志为掩护其他同志不幸被捕。在狱中，彭明晶同志面对敌人的威胁利诱坚贞不屈、大义凛然，于 1927 年深秋壮烈牺牲。年仅二十八岁的共产党员彭明晶同志把他最后一滴鲜血献给了中国人民的革命事业。

彭明晶烈士的一生虽然短暂，但他在短暂的一生中为革命四处奔走，生命不息战斗不止，为党和人民的革命事业作出了卓越的贡献。他的一生是革命的一生、战斗的一生，人民将永远怀念他。

今天，我们纪念彭明晶烈士牺牲六十一周年，不仅是为了寄托我们的哀思，更重要的是学习、宣传烈士高尚的共产主义情操和为人民事业英勇奋斗的献身精神，以激励广大干部群众建设四化、振兴安岳的革命热情。县委号召全体党员、干部和人民群众，要学习彭明晶烈士为共产主义事业勇于献身的精神，积极投身改革，加快经济建设步伐。我县十年来的实践证明，改革开放是振兴经济的唯一出路。我们今天纪念彭明晶烈士，就是要学习烈士为共产主义事业忘我奋斗的献身精神，坚定不移地贯彻执行党的路线、方针、政策，战胜各种艰难险阻，把改革搞好。革命先烈为了人民的革命事业，为了实现共产主义的远大理想，不惜抛头颅、洒热血；我们今天建设四化，也应该忘我奋斗，不惜付出任何代价。要坚信改革只会给我们带来长远的利益，只会使我们生活得更美好；要学习彭明晶烈士为共产主义英勇奋斗的精神，努力加快我县经济建设步伐，为振兴安岳作贡献。

彭明晶烈士在极其艰难困苦的情况下，为了祖国的独立自主，为了让人民过上幸福美好的生活，牺牲了自己年轻的生命。我们今天纪念他、学习他，就是要千方百计发展社会生产力，加快我县经济建设步伐，建设富裕、文明的新安岳，让人民生活得更加幸福、更加美好；学习彭明晶烈士坚定的共产主义信念和崇高的革命情操，不断进行社会主义精神文明建设。精神文明的核心是用共产主义理想教育人民，培育更多的四有新人，团结人民为共同理想而奋斗。这正是革命先烈舍生忘死、孜孜以求的。我们今天纪念彭明晶烈士，就是要学习他坚定的共产主义信念和崇高的革命情操，要使广大干部和人民群众从烈士的斗争事迹中吸取政治营养，从而坚定革命信念，自觉地搞好精神文明建设。党的领导干部和全体党员必须牢固地树立共产主义理想，搞好自身的思想建设；同时要抓好思想政治工作，提高广大群众的思想道德素质，从而调动各方面的积极性，为实现共同理想和长远目标而努力奋斗；学习彭明晶烈士不屈不挠的斗争精神，努力做到全心全意为人民服务。在改革开放的情况下，能不能保持为政清廉，直接关系到人心的向背和改革的成败。彭明晶烈士为了人民的利益，把个人的生死置之度外，表现了共产党员的崇高品质和革命的人生观，经受了艰难困苦和生与死的考验。今天，虽然我们与烈士所处的时代不同、任务不同，但实现共产主义的理想未变，全心全意为人民服务的宗旨未变。作为一名共产党员，特别是党的干部，必须时刻牢记真正做到为政清廉，用高效、廉洁、遵纪、守法去赢得群众的拥护。

同志们，党和人民的优秀儿子，彭明晶烈士的光辉形象将永远铭刻在安岳人民心中。我们一定要在党中央的领导下，继承先烈遗志，发扬革命传统，激励全县人民为把我县建设成为富裕、文明的安岳而努力奋斗，以实际行动告慰烈士的英灵。

注：1988年10月24日，安岳县隆重举行彭明晶烈士壮烈牺牲六十一周年纪念会，乔耀海同志时任中共安岳县委书记。

附录 8 在纪念彭明晶烈士诞生一百周年
座谈会上的讲话

魏仁岱

同志们：

今天，我们聚集在这里，怀着无比崇敬的心情，纪念党和人民的好儿子、忠诚的共产主义战士彭明晶烈士诞生一百周年。在此，我代表中共安岳县委和 153 万安岳人民向彭明晶烈士的英灵表示深切的哀悼，向烈士的亲属表示亲切的慰问，向前来参加纪念活动的各位领导和同志表示热烈的欢迎。

伟大的无产阶级革命家、军事家罗荣桓元帅的高大形象、崇高品质、卓越功绩，永远铭刻在全国人民的心中。是谁与他一起走上革命道路？是谁介绍他加入中国共产党的呢？罗荣桓元帅在自己的档案中亲笔写下："彭明晶同志于 1927 年介绍我加入 C. Y.（共青团）和共产党组织。他是四川安岳人。1927 年大革命失败后，他坚持斗争，不幸被捕，英勇不屈，壮烈牺牲。"

彭明晶是我党早期优秀党员，他于 1899 年 9 月 19 日出生于安岳县岳阳镇。1921 年在成都高等师范学校学习期间，受到著名共产党人恽代英的熏陶，开始接受革命真理。1924 年在私立青岛大学时，在轰轰烈烈的学生运动中，与湖南籍同学罗荣桓志同道合，结成亲密战友。1926 年，"青岛惨案"发生后，青岛局势紧张，彭明晶与罗荣桓被迫分别。罗荣桓回到湖南老家，彭明晶前往广州继续寻求革命真理。在广州，彭明晶找到了革命向导恽代英，经恽代英介绍，他光荣地加入了中国共产主义青年团，不久后转为中共党员。这年 10 月，北伐军攻克武汉，那里革命急需干部，党组织派彭明晶到武昌中山大学做党的宣传发动工作，他即写信叫罗荣桓到武昌。罗荣桓到武昌知道彭明晶的真实身份后，向他提出了入党的要求。彭明晶深知罗荣桓有坚定的革命信念，介绍罗荣桓入团并转党。从此，罗荣桓在漫长的革命征程中身经百战，为党和人民的革命事业立下了汗马功劳，成为全国人民崇敬和爱戴的元帅。

1927年7月，汪精卫公开背叛革命，制造了震惊中外的"七一五"反革命政变，大肆屠杀革命群众和共产党人，白色恐怖笼罩武汉。罗荣桓根据党中央指示撤离武汉，彭明晶接任了中共武昌市一区区委书记的职位。面对严峻的斗争形势，彭明晶视死如归，经常深入工厂、学校，宣传党的主张，揭露汪精卫及国民党的反动本质。9月的一天，彭明晶在法租界召开紧急会议时，被敌人包围，他为掩护其他同志不幸被捕。在狱中，彭明晶面对敌人的利诱和威胁，坚贞不屈，大义凛然。不久，敌人向他举起了罪恶的屠刀，彭明晶壮烈牺牲。这时，彭明晶同志年仅28岁。罗荣桓得到这一噩耗后，十分悲痛地说："这位才华横溢的忠诚战士壮烈牺牲，怎么能料到，武昌分手就是永别。"

彭明晶同志以短暂的一生，谱写了一曲壮丽的战歌。他生命不息，奋斗不止。他的一生是革命的一生、战斗的一生。他为党和人民的革命事业作出的突出贡献，令人难以忘怀。他的思想、品德、情操、风范，使人肃然起敬。今天，我们隆重纪念彭明晶烈士诞生一百周年，不仅是为了寄托我们的哀思，更重要的是要学习和宣传他高尚的共产主义情操和为人民的事业英勇奋斗的献身精神。

我们要学习彭明晶烈士勇于追求真理的精神，坚定共产主义信念，将改革开放引向深入。彭明晶烈士出生于19世纪，生长在20世纪初，那时的中国深受"三座大山"的压迫，人民生活在水深火热中，彭明晶烈士饱经风霜，毅然踏上了救亡图存的道路。在极其艰难困苦的条件下，为了国家的独立，为了人类的解放，为了人民的幸福，他不断探索，勇于追求，坚信共产主义一定能够实现。我们向彭明晶烈士学习，就是要坚定共产主义信念，高举马列主义、毛泽东思想和邓小平理论伟大旗帜，紧密团结在以江泽民同志为核心的党中央周围,坚定不移地贯彻执行党的路线、方针、政策,走有中国特色的社会主义道路,团结一致、奋力拼搏,战胜各种艰难险阻,把改革开放引向深入。

我们要学习彭明晶烈士勇于捍卫真理的精神,百折不挠,努力加快我县两个文明建设的步伐。彭明晶烈士坚信,只有共产主义才能振兴中华,才能使中华民族屹立于世界民族之林。在充满白色恐怖的年代,为了捍卫这一伟大真理,他与敌人进行了艰苦卓绝的斗争。现在我们要努力发展经济,更要随着市场化进程的推进,把握市场脉搏,认真研究,理清工作思路,找准优势,挖掘经济增长点,用较短的时间完成产业结构调整,提高产品的科技含量和附加值,迎来新一轮经济的腾飞。在经济发展的困难时期更要重视精神文明建设,为物质文明建设提供强大的精神动力和智力支持,促进县域经济的大发展。在县城要深入开展文明卫生城市创建活动,促使县城管理规范化、科学化、经常化。在农村大力实施"七个一"工程,建设一批文明新村。要加大"科教兴县"战略的实施力度,通过各种渠道推广农业、工业新科技。要在"双基"达标的基础上,依法实施九年制义务教育,全面推进素质教育,努力办好高中教育。同时要坚定不移地执行计划生育基本国策,严格控制人口增长;努力促进医疗卫生、文化体育、广播电视等社会事业的健康发展;严厉打击刑事犯罪,整治社会治安,维护社会稳定,为我县经济发展创造一个安定的环境,将一个文明、繁荣、稳定、全新的安岳带入21世纪。只有这样,才能告慰九泉之下的烈士。

我们要学习彭明晶烈士勇于献身的精神,牢记宗旨,无私奉献,全心全意为人民服务。彭明晶烈士为了实现共产主义的远大理想,为了人民的利益,把个人的生死置之度外,不惜抛头颅,洒热血,勇于献身,表现出了共产党员的崇高品质和革命的人生观,经受住了各种艰难困苦和生与死的考验。今天,虽然我们与烈士所处的时代不同,但实现共产主义的理想没有变,全心全意为人民服务的宗旨没有变。在改革开放的新形势下,各级干部能不能保持清正廉洁，直接关系到人心的向背和改革的成败。作为一名共产党员，特别是党的干部，必须牢记党的宗旨，吃苦在前，享受在后，老老实实做人，堂堂正正为官，清清白白办事，全心全意为人民服务，讲学习、讲政治、讲正气，真正做到高效廉洁、奉公守纪，成为一名合格的共产党员，成为一名人民的好干部。

同志们，彭明晶烈士的英名永垂不朽。逝者不已，来者不息，望天地之莽莽，唯慨然而奋进。现在我们正站在世纪的交接点上，接过先烈们的接力棒，沿着有中国特色社会主义道路继续奋进，为建设富裕、文明的新安岳而努力奋斗！

一九九九年九月二十日

注：本文作者魏仁岱时任中共安岳县委副书记。

附录9 彭自襄、彭自灿访谈实录

时间：2020年9月6日上午

地点：成都望江楼公园茗椀楼

访谈对象：

彭自襄（以下简称"襄"）：92岁，彭明晶大哥彭明辉的长子，新中国成立前就读于川大外文系，本科。曾任新华社成都记者站站长。

彭自灿（以下简称"灿"）：90岁，彭明晶大哥彭明辉的次子，1952年川大化学系毕业，本科。曾任成都市盐道街中学老师。

采访人员：

李忠伟（以下简称"李"）：成都信息工程大学马克思主义学院副院长

张仁枫（以下简称"张"）：四川大学马克思主义学院教师

灿：2019年秋，中共安岳县委举办彭明晶烈士的纪念会。彭自襄将28份资料赠送给安岳县党史办，资料并未出版。

襄：我将《罗荣桓元帅的入党介绍人——彭明晶烈士传略》复印件送到川大校史办，川大校史办凭这份资料及四川省人民政府1985年批复追认彭明晶为烈士的批文，承认彭明晶为川大校友，并把彭明晶的名字补在了江安校区自辛亥革命以来的英烈纪念碑上。

襄：彭明晶是不忘初心、牢记使命的典范。彭明晶坚持斗争，于1927年壮烈牺牲。彭明晶当时就读的成都高师，是四川大学的前身之一，地址在目前的宽窄巷子一带。彭明晶牺牲时28岁，未婚。

张：关于彭明晶的文章特别少，所以我们通过安岳县委领导找到了两位，想进一步了解彭明晶烈士的情况。

灿：我跟你介绍一本书——《在战斗中成长的罗荣桓》，作者是黄瑶。

襄：这个事情我说下，20世纪80年代，在北京的中国人民革命军事博物馆，要为几名过世的元帅写传记，有朱德、罗荣桓、陈毅等，于是，博物馆组织了写作组，黄瑶负责写罗荣桓元帅的传记。我当时在安岳的一个书店看到了这本书，里面有介绍彭明晶的，写了罗荣桓和彭明晶在青岛大学各读工科和商科。我的祖父是开小酒馆的小商人，希望彭明晶经商，所以彭读的商科，而罗荣桓当时是抱着实业救国的想法，读的工科。据当时他们的一个同学陈举说，彭、罗二人当时走得很近，关系密切，几乎形影不离。彭明晶是当时学生会负责人，罗荣桓是委员。青岛大学虽然是私立学校，但当时是青岛的最高学府，彭明晶是青岛市学生联合会的负责人。当时党派李慰农到青岛发动工运，就到青岛大学找到了彭明晶，由彭明晶组织学生开办夜校，教纱厂工人识字。1925年，青岛纱厂爆发了罢工，纱厂老板日本人勾结青岛警察开枪打死8个工人，20余人受伤，发生了"青岛惨案"。青岛当局封锁消息，并抓捕工人、清理源头。惨案发生后，彭明晶等人拿着工人血衣先到济南，再到北平，一路揭露"青岛惨案"真相；同时罗荣桓也带着3个工人到上海揭露"青岛惨案"真相。彭明晶到北平后，到了天安门附近的中山公园，把血衣摆在地上，宣讲"青岛惨案"真相，并请3个工人做补充和证明。此举引起中共北京地下组织的注意，并联系上彭明晶，了解情况。彭明晶跟地下党同志说起自己与恽代英的关系，并问起恽代英的情况。地下党同志告知彭明晶，恽代英现在在广州黄埔军校当教官。彭明晶后来写信联系上了恽代英，并表示他想到广州去。彭明晶从北平回到青岛后，组织给"青岛惨案"中被打死的工人募捐。随后，他到了广州，见到了恽代英，恽代英将他安顿到中山大学。"青岛惨案"之后，上海发生了"五卅惨案"，工人顾正红被打死。两个惨案在工运史上合称为"青沪惨案"。可以说，彭明晶在这期间发挥了一定的作用，促进了工运的发展和工人的觉醒。

张：您的28份材料来自哪里？

襄：我的28份材料，一是来自我的父亲和我的大姐，他们常常给我们讲彭明晶烈士的事迹。我的父亲，也就是彭明晶的大哥，毕业于四川公立外国语专门学校（四川大学前身之一）。在当时，一个县上有一个大学生特别不容易，但因为是共产党员家属，他毕业后只能到安岳县下的长平乡教小学。二是来自彭明晶烈士牺牲后，以他的未婚妻的名义给我爷爷写的一封信，内容很具体，但是因为"清共"，这份材料未能保存下来。三是因为我当时是新华社记者，可以全国跑。从1983年开始，我跑了广州、武汉、青岛、北京、上海、南京等地，以采访的名义，进入党政机关，了解彭明晶的情况。四是我了解到彭明晶的基本情况后，给和彭明晶有关系的人写信，包括张沈川、陈举、黄瑶等。通过这几个来源，我才有了这28份材料。

现在我跟你介绍下彭明晶少年时期、成都读书时期、北伐时期和在武汉的情况。

少年时代：我们家在四川省安岳县岳阳镇。安岳是革命老区，地下无矿，地上是丘陵，相当贫苦。因为没有油水，军阀都很少涉足。我的爷爷是个秀才，我爷爷的父亲是个举人。我的爷爷虽是个秀才，但在家开了一个小酒馆，前面卖酒，后面是酿酒作坊。彭明晶早年听我爷爷讲过他二叔，也就是我爷爷的弟弟的故事。爷爷的弟弟当时跟着孙中山闹革命，他到官家去修钟表，打听消息传递给革命党。后来暴露了，敌人抓捕他，他打着伞从桥上跳下去，牺牲了。当时我们家里有很多书，每年夏天晒书，其中有很多康有为、梁启超的书，彭明晶耳濡目染，便有了让穷人翻身做主的想法。彭明晶在安岳中学读书的时候，安岳中学从旧制变为新制，可以学到一些新的知识，让他欣喜不已。

成都读书时期：后来，他到成都高师读书，学校对他的影响很大。恽代英是他的老师，他的进步思想影响了学生。因为彭明晶少年时代就有了革命的思想基础，能深入理解恽代英的进步思想，因此常常向恽代英请教。特别突出的是"反严恭寅事件"。严恭寅是当时省一中的校长，即现在的成都二十八中，在将军巷那个位置。严恭寅是一个典型的维护国民党的学阀，开除学生，激起了学生的气愤，于是出现了学生闹学潮、反对严恭寅，将其扔进了井里。国民党抓捕学生，恽代英和彭明晶翻墙逃到重庆。后来，恽代英南下广州，彭明晶回老家安岳避难。回到安岳后，由于安岳的信息很闭塞，于是他决定去青岛。

青岛时期：因为有前期的思想基础，彭明晶到青岛后十分活跃，还顺利考入私立青岛大学。第一次世界大战结束后，德国战败，退出了青岛，同时德国在青岛的企业名义上划归中国，实际被日本控制，由日本资本家管理。日本企业的问题是工时长、工资低、要求女工剪头发，引发了工人不满。在此情况下，学生运动掀了起来，学生打先锋，带动工人上街，引发了罢工、罢学、罢教，进而引起当局的镇压，引发"青岛惨案"。

"青岛惨案"后，青大遭封锁，彭明晶回老家暂避了一段时间，便随着安岳老乡去了广州，之后又去了武汉。罗荣桓则先回了湖南老家，后应彭明晶之邀也到了武汉。

1927年，蒋、汪合流，开始大肆屠杀共产党员。彭明晶当时是以学生身份搞地下工作，是武汉一区区委书记。蒋、汪公开抓共产党员，彭明晶便安排已经暴露的地下党员离开武汉，很多人去了贺龙部队。因为罗荣桓是近视眼，不适合去部队，他就建议罗荣桓去湖南农村发动农民运动。这次是两个人最后一次见面。当时其他人建议彭明晶离开武昌，但是他说他不能走。他说，虽然武昌地下工作进入低潮，但是作为第一书记，他肯定不能走。1927年秋，他组织人在武昌法租界开会，布置活动任务，发现有人监视，他就要其他人从邻家疏散，自己留在后面，结果被敌人抓捕了。当时武汉有两个军阀，一个叫陶钧，另一个叫夏斗寅，这两个军阀遵循蒋介石"宁可错杀一千，不可放过一个"的原则。军阀陶钧说："抓到彭明晶一个，就可以抓十个、百个共产党员。"后来，彭明晶宁死不屈，视死如归，壮烈牺牲。

彭明晶牺牲后，国民党封锁消息。我爷爷都不知道他牺牲的消息。后来，我们收到了彭明晶未婚妻寄来的一封信，上面详细讲述了彭明晶在青岛、武汉、广州及监狱里面的事。这封信最先被我父亲看到，他当时不敢给我爷爷看，可是时间久了，国民党报纸刊登了枪毙共产党员的名单，实在瞒不住了，就告诉了他真相，并把彭明晶未婚妻的信给他看了。读完这封信后，我爷爷整天伤心，患了重病。因为这个事情，作为家中顶梁柱的爷爷身体一日不如一日。1935 年，我爷爷就去世了。之后，我们家的酒坊和酒馆开始衰败。因为被划定为"共匪"家庭，一大家人只能靠我父亲教书为生。1938 年，因国共合作，父亲也开始教授中学。

那封信是在白色恐怖最严重的时候收到的，当时甲长常常来家里搜查，所以只能烧毁，没将信保存下来。

灿：我们收到的彭明晶未婚妻的信写得很详细，我们分析写这封信的可能是他的女朋友，或者是地下党。信中写到他坚持革命，坚贞不屈。但因为当时保甲制度很严格，有一点风吹草动就会抓人，所以这封信没保存下来。

张：你们家那个时候属于地主吗？

襄：我们是小手工业者。1935 年我的爷爷去世，顶梁柱垮了，我们家也就垮了，就靠我父亲教书为生。彭明晶在外搞革命，都是自费的。同时，父母兄妹也都出钱支持，甚至借钱支持，因为信任他。等我爷爷去世后，我们把地卖了还债。当时抗战，我们家很穷，我的母亲有病没钱治，也没吃的，41 岁就去世了。

灿、襄：解放前，我们吃了很多苦。解放后，我们靠自己的努力考进了川大，当时还进了川大学生会，那时候在整个县城都可以称为凤毛麟角了。

灿、襄：当时，和安岳中学开了两次座谈会，讨论如何振兴安岳经济。我提出的是要打造名牌效应，一是安岳石刻，二是安岳名人。校长说，彭明晶是安岳校友，就打造一个雕像吧。后来雕像就放在学校门口，建了一个"明晶园"。

张：我想安岳中学可以打造一个"明晶班"。彭明晶在安岳读了多久的书？我看安岳中学的校史写的他是民国 12 年（1923 年）毕业于安岳中学。但这可能不准确。

灿：吴玉章是什么时候在川大当校长，彭明晶就是什么时候在川大读书。

张：彭明晶烈士用过的名字有哪些？

灿："彭明晶""彭明精"好像都在用。

襄：罗荣桓在 1938 年写档案的时候写成了"彭明精"，但其实应该是"彭明晶"。彭明晶因为牺牲得早，所以没有其他的名字，他不像我父亲，原名彭明辉，后来工作了改为彭华，最后又改为彭自宣。

我们彭家的字辈有 20 个字，现在可查的只有"远""明""自"。我们爷爷的父亲是个举人，我们祖上是书香之家，很遵守取名的传统规则，但到现在我们儿女这辈就没再按照辈分取名了。其实有些传统有其价值。现在习近平总书记提倡家风、家德，有小家才有大家，我觉得非常好。家风、家训、家规，有利于社会文明进步，应该重新提倡起来。

附录 10　安岳县调研访谈实录

调研时间：2020 年 7 月 21 日

地点：安岳县革命老区建设促进会

受访对象：中共安岳县委宣传部副部长谭华，安岳县革命老区建设促进会主任杨荣、副主任徐丛花，中共安岳县委党史研究室主任李学龙等人

采访人员：张仁枫、李忠伟

杨荣：现在我们将我们了解的彭明晶的全部信息讲给你们，也看看你们目前掌握的材料，因为我们计划做一个革命烈士陈列展，目前正在做方案。首先，由党研室的李主任讲解下彭明晶的事迹。

李学龙：我简单介绍下彭明晶烈士的情况和我们安岳所做的工作。第一，彭明晶是安岳人，1985 年 7 月，四川省人民政府追认彭明晶为烈士。第二，因为彭明晶是安岳人，安岳中学专门设立了一个彭明晶烈士雕像，以此来教育安中学子。第三，彭明晶烈士有个侄子叫彭自襄，曾是新华社成都记者站的站长。他在 2000 年左右写了一个关于彭明晶的报告。第四，我们安岳，是在 2010 年被四川省人民政府评为革命老区县，由革命老区建设促进会编撰的烈士志将彭明晶放在了第一位，因为他比较重要，还是罗荣桓元帅的入党介绍人。第五，2014 年，在培育与践行社会主义核心价值观，开展党史宣传进校园的报告活动中，安岳中学和彭家后人在彭明晶雕像前，举行了彭明晶烈士的纪念活动。另外，我们安岳有革命老区展示资料，其中最后一页介绍了彭明晶烈士。

在 2019 年 9 月 24 日，也就是彭明晶烈士诞生 100 周年之际，他的后代彭自襄带队在安岳中学举行了座谈会，包括县委宣传部在内的诸多团体参加了这场座谈。同时，座谈会上举行了彭明晶烈士资料的捐赠仪式，汇

集资料共 28 份。那些资料现在被我们党史研究室保存了。

徐丛花：在 2000 年前后，山东青岛大学海洋学院图书管理室的人员曾到我们安岳来收集彭明晶的材料，当时他们说如果我们有需要也可到青岛大学收集彭明晶的相关材料。关于彭明晶烈士的事迹我就不多说了，我主要谈一点彭明晶烈士个人成长的情况。彭明晶是安岳县一名比较出名的地下党员。在过去，省委党史研究室最先提出要收集我县彭明晶、雷晓晖、袁绍柏的资料。而当时，我听老同志说这三个人的资料都是没有的。大概过了一两年，我们才打听到彭明晶的家在岳阳的一个小酒坊，这样才慢慢有了线索。彭明晶只在我们安岳读了小学和中学，后来他就到了成都高师读书。他在成都高师的时间不是很长，但这是他走向革命的起点，因为在这里，他受到了两个重要人物的影响，一个是校长吴玉章，另一个是恽代英。恽代英对他的影响大而深刻，他们之间建立了非常好的师生关系。在恽代英的教育下，彭明晶对当时的国家状况深感忧虑，于是参加了成都的许多革命活动。彭明晶在当时是思想和行动都比较积极的革命青年。在成都，他接受了社会主义的革命思想。在成都高师期间，他因为参加了很多革命活动，受到迫害，于是回到了安岳老家。因为他家是做酒坊生意的，所以当他看到在青岛那边有商科学校，就到青岛求学，对此他的父亲也很支持。在青岛大学读商科期间，他很快结识了读工科的罗荣桓，因为共同的革命理想，两人成了相互信任的好朋友。为什么说他们相互信任？这是有事实支持的。1926 年 8 月，彭明晶离开青岛，去了广州。这年 10 月，北伐军攻克了武汉三镇。在这个地方，革命需要干部，于是，在 1927 年 2 月，彭明晶从广州到武汉，而到武汉后，他便立刻给罗荣桓去信，邀罗荣桓来武汉。罗荣桓到武汉后，参加革命，后经彭明晶介绍，加入共青团，再转为中共党员。这足以印证他们关系非常密切。

另外，我说下彭明晶和恽代英的关系。他们是师生关系，虽然他们在成都高师的时间都不长，但是他们的关系非常好。恽代英在广州黄埔军校做教官时，彭明晶刚到广州求学，于是彭明晶首先找到了恽代英，随后在恽代英的介绍下加入了中国共产党，这可以说明恽代英对彭明晶的信任。

在第一次国共合作失败后，彭明晶没有消沉，他坚决和国民党作斗争，担任了中共武昌一区区委书记，继续领导党员和敌人作斗争，直到壮烈牺牲。

因为彭明晶牺牲得早，所以我们掌握的资料很少。我们的很多资料都来源于他的侄子彭自襄提供的材料。

张仁枫：关于彭明晶小时候的事情，现在知道的人很少，故居也没有了。

李学龙：的确，他们家就在这条街上，故居也没有保存下来。安岳县解放前入党的党员有 500 多名，但是因为各种原因，很多党员的资料没有保存下来，彭明晶的故居也没有保存下来。

李忠伟：安岳这条线的红色资料有没有保存下来？

杨荣：安岳的党组织曾经遭受了两次大的破坏，很多史料都没有保存下来。一方面是我们的挖掘不够；另一方面是我们缺少经费，安岳当时管辖范围很广，宣传、保护力度都不够。不过，目前我们的烈士纪念馆、烈士陵园都在开始建设了。

张仁枫：我们目前计划撰写彭明晶传记，10 万字左右，但是缺少资料，特别是他小时候的资料。

杨荣：我把彭自襄介绍给你，他应该有很多资料。四川省档案馆还有些材料，主要是申请追认彭明晶为烈士的相关材料。

张仁枫：我目前还有《革命老区安岳》这本书。

徐丛花：我们安岳解放前，共产党员发展得很迅速，党员有 500 多人，有 4 个支部，包括几个直属的，还有赤卫队、共青团、农民自卫队等群团组织。

安岳成为革命老区是有原因的，这里发动了革命暴动，建立了党组织，建立了工农革命政权。1934 年，安岳打了两场仗，都是反抗国民党，但因为寡不敌众，最后失败了。不过，它的作用在于牵制了国民党的部队，减轻了川北红军的压力，所以安岳是革命老区。到 1934 年 4 月，安岳的共产党组织辐射范围达到 50 公里，乐至、蓬溪、大足、遂宁都属于安岳党组织管理。可以说，安岳是当时川东地下组织的中心。

附录 11　图片资料

彭明晶烈士生前唯一照片

中共中央党史研究室革命烈士传编辑委员会将全国著名烈士的传记合编
为《革命烈士传》（共十辑），彭明晶烈士传记入编《革命烈士传》第十辑

000022

安岳县人民政府文件

安岳府函〔1984〕174号

★

关于追认彭明精同志为革命烈士的报告

内江地区行署：

〔彭明精〔晶〕。男。一九九年秋出生于安岳县岳阳镇〔原城关镇彩楼街〕。一九二三年春在成都读中学时受老师恽代英同志的影响。参加革命。并由恽代英同志介绍加入青年团。后转为共产党员。在 代英同志的直接领导下从事党的地下工作。在当时白色恐怖下被迫转到了重庆。后出川进入山东青岛大学读书并从事学生运动。"五卅惨案后。彭明精同志作为山东省学联代表到上海开党的会议。会后党派他到广州中山大学作党的工作。一九二六年秋由于革命的需要。党派他在武汉市某区担任党的区委书记。一九二七年秋在汉口法租界开党的秘密会议时。被国民党反动派逮捕。不

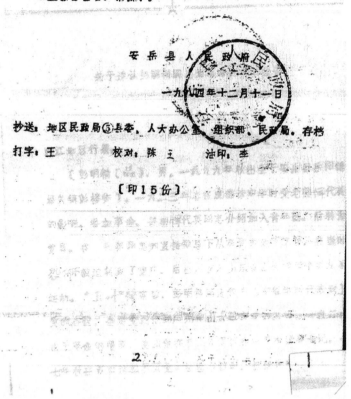

000023

久英勇就义、壮烈牺牲。根据国务院国发〔1980〕152号《革命烈士褒扬条例》第三条〔一〕项 "刘敌作战牺牲" 和〔四〕项 "因执行革命任务遭敌杀害" 之规定。我们同意追认彭明精〔晶〕同志为革命烈士。

以上报告当否，请批示。

安岳县人民政府

一九八四年十二月十一日

抄送：地区民政局③县委、人大办公室、组织部、民政局。存档

打字：王　　校刘：陈王　　油印：李

〔印15份〕

1984年，安岳县人民政府向上级部门提交关于追认彭明晶同志为革命烈士的报告

四川省安岳县民政局文件

安民（优84）字第039号

★

关于催办追认彭明晶同志为革命烈士的报告

内江地区民政局：

我县于十二月十一日以安府发（84）174号文报请批准追认彭明晶同志为革命烈士，不知进展如何，亲属甚念！

彭明晶同志是罗荣桓元帅的入党介绍人，长期以来我县无人知晓。经有关部门两年多时间查证，现已真相大白。特别是中央军事博物馆写罗荣桓传记编写组负责人黄瑶选写的《在战斗中存长的罗荣桓》一书出版后更加证实了调查事实的真实性和可靠性。书中有五六十处提到了彭明晶的革命活动，其中40页第二段详细介绍了彭明晶是四川安岳人，以及他与恽代英、罗荣桓的密切关系。65页第一段介绍了彭明晶介绍罗加入共产主义青年团，转为共产党员的情况。69页第三段明清写到：“一九二八年，这位才华横溢的非常年轻的共产党员在武汉不幸遭敌人杀害。他遗留下来的一项光辉记录，

—1—

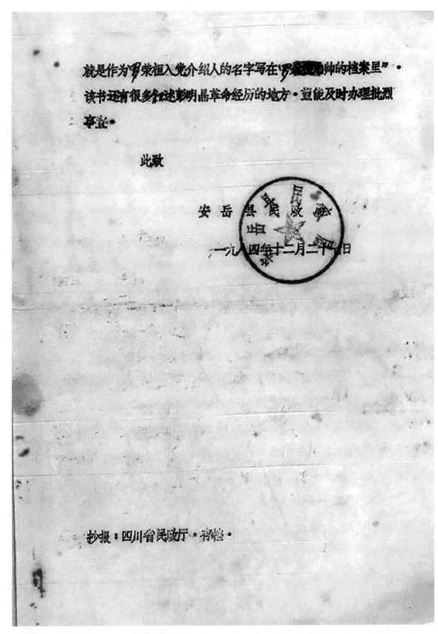

1984年12月，安岳县民政局向内江地区民政局提交关于催办追认彭明晶为革命烈士的报告

第　页

四川省人民政府

关于同意追认彭明晶为革命烈士的批复

川府民政（1985）99号

内江地区行政公署并安岳县人民政府：

内署民（1985）01号报告悉。

安岳县岳阳镇彭明晶（中共党员），一九二七年秋在汉口
因执行革命任务，被敌人逮捕后牺牲。牺牲。根据《革
命烈士褒扬条例》的有关规定，省人民政府同意追认
彭明晶为革命烈士。

此复

四川省人民政府（章）

一九八五年七月三日

抄送：省民政厅

Ch001·6·833

5
+8

1985年7月，四川省人民政府批复同意追认彭明晶为革命烈士

103

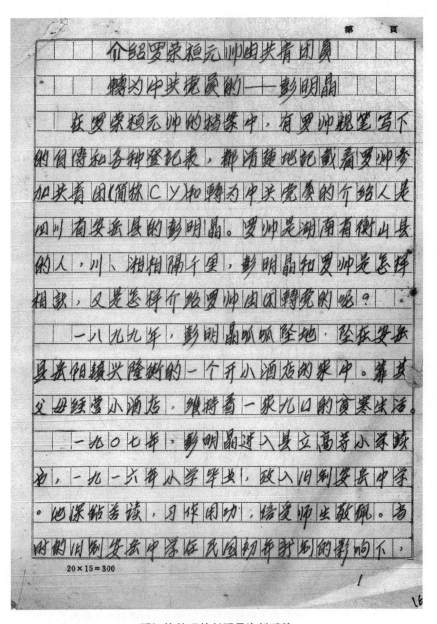

介绍罗荣桓元帅由共青团员
转为中共党员的——彭明晶

在罗荣桓元帅的档案中，有罗帅亲笔写下
的自传和各种登记表，都清楚地记载着罗帅参
加共青团(简称CY)和转为中共党员的介绍人是
四川省安岳县的彭明晶。罗帅是湖南省衡山县
的人，川、湘相隔千里，彭明晶和罗帅是怎样
相识，又是怎样介绍罗帅由团转党的呢?

一八九九年，彭明晶呱呱坠地，坠在安岳
县岳阳镇兴隆街的一个开小酒店的家中。靠其
父母经营小酒店，维持着一家九口的贫寒生活。

一九〇七年，彭明晶进入县立高等小学读
书，一九一六年小学毕业，政入旧制安岳中学
。他深钻苦读，习作用功，倍受师生敬佩。当
时的旧制安岳中学在民国初年封建的影响下，

邓汉锋整理的彭明晶资料手稿

104

纪念彭明晶烈士

彭自襄

罗荣桓元帅在1938年的党员登记表上，亲笔写下如下一段简历，彭明晶同志于1927年介绍我加入C.Y.（注：共青团）和共产党组织，1927年大革命失败后，他坚持斗争，不幸被捕，坚贞不屈，壮烈牺牲……，至今已是60周年。

彭明晶，1899年出生于四川省安岳县岳阳镇兴隆街的一户平民家中。其父彭元伦是老同盟会会员，跟着孙中山先生闹革命，在一次收集情报的活动中不幸被捕，英勇就义。从此，在彭明晶的幼小心灵中，埋下了为穷人闹翻身，为亲人报家仇的革命种子。

1921年，明晶以优异成绩考入当时四川的最高学府——成都高等师范学校读书。在这里，他认识了教师恽代英，他俩很快由师生友谊发展为至交。

1924年秋，明晶考入私立青岛大学商科求学。在那里，他同工科同学罗荣桓成了亲密朋友。

1925年青岛惨案发生，彭明晶和罗荣桓、张沈川等积极参加宣传、揭露活动。不久，上海"五卅惨案"的噩耗传到青岛市，群情更加愤慨。彭明晶在参与发动工人罢工、学生罢课、商人罢市，掀起爱国反帝高潮后，又接受青岛学生联合会的委托，在胶济铁路总工会代表伦克忠、韩文玉同去北京，在"全国学联"的配合下，举办了有30多个团体、单位的代表参加的招待会。彭明晶在会上痛陈"青岛惨案"真象，激起了到会代表的义愤，一致通过了严惩反动军阀张宗昌等五项要求和决议。

1928年秋，明晶南下广州，很快找到了恽代英。这时，在黄埔军校作教官的恽代英已公开了共产党员身份。他帮助和指导明晶系统学习马列主义，不断提高阶级觉悟，并于这年秋天介绍彭明晶入团转党，成为一个忠贞不渝的共产主义战士。

就在这些日子里，北伐军攻克武汉三镇，彭明晶被党组织安排北上。他到武汉不久，就写信给挚友罗荣桓，盼速来武昌会聚。当罗荣桓抵达武汉时，政治形势发生了巨大变化，蒋介石背信弃义发动"四·一二"反革命政变，汪精卫加紧与蒋介石勾结，武汉危机四伏。就在这严峻的日子里，彭明晶介绍罗荣桓加入了共青团。不久又转为共产党员。

蒋汪进一步勾结，危机日益扩大。彭明晶按照中共湖北省委的指示转入地下，并担负中共武昌市一区区委书记的职务，负责组织工人、学生及市民开展斗争。

在他的精心策划下，汉口人力车工人首先提出"要饭吃、要生存"、"反对蒋汪合流"等口号，实行大罢工。8月2日，武汉三镇工人总同盟宣布总罢工，武汉三镇的革命浪潮一浪高过一浪。

在白色恐怖的笼罩下，彭明晶组织部分同志撤离武汉。罗荣桓被安排去鄂南通城县发动农民群众。两位知己告别了，他们互相勉励、叮咛，但是谁能想到，这一分手竟是今生之绝别。

罗荣桓走后，彭明晶仍留在险情四伏的武汉坚持斗争。不幸的事终于发生了。1927年9月的一天，彭明晶在市区法租界内一个秘密点开紧急会议布置斗争任务时，被便衣特务和反动军警包围。他在掩护其他同志迅速离时，自己却被逮捕了。

这使武汉地下党受到震惊。党组织想方设法营救，并拿出1000个大洋（银圆）疏通关节，力争放人。彭明晶在敌人中进行了包括绝食在内的多种形式的斗争，在敌人的威胁利诱时坚持革命气节。敌人见从彭明晶嘴里捞不到任何材料，竟丧心病狂地作出了枪杀的罪恶决定。

1927年深秋，彭明晶这位年仅28岁的年轻共产党员，为革命把最后一滴血洒在了长江之滨。罗荣桓在征战中得知这一噩耗，十分悲痛地说，"一位才华横溢的忠诚战士壮烈牺牲了！怎能料到，武昌分手竟是永别！"

先烈彭明晶壮烈牺牲距今已有80周年了。1985年7月3日，四川人民政府追认彭明晶为革命烈士。

彭自襄撰写的《纪念彭明晶烈士》，刊登于《四川日报》1988年4月29日第2版

彭明晶烈士事迹调查记

彭自襄

无产阶级革命家、军事家罗荣桓元帅在党员登记表上，写下了如下一段简历，彭明晶同志介绍我加入C·Y（注：共青团）和共产党组织。1927年大革命失败后，他坚持斗争，不幸被捕，英勇不屈，壮烈牺牲。

可是，彭明晶壮烈牺牲后，在很长一段时间里，人们并不了解他的生平事迹。

1978年，中国人民革命军事博物馆罗荣桓传记写作组的同志在查阅罗帅的档案时，写下了罗帅的入党介绍人彭明晶这个名字。他和罗帅是怎样建立起同志关系的？有些什么革命业绩，这对弄清烈士的革命品质和撰写罗帅传记，都是十分必要的。

于是，写作组的同志作了十分艰苦的调查，终于了解到烈士大革命时期在青岛、广州、武汉开展革命活动，最后壮烈牺牲的一段业绩。接着，写作组组长黄淮，在翻阅青岛大学的同学录时，突然查到了彭明晶是四川安岳县人的资料。他立即找到全国政协委员、安岳县政协副主席曾永华，希望提供有关于彭明晶、罗荣桓的革命事迹、线索、资料和知情者。

曾老先生和县政协的同事很快把这个信息向县领导作了汇报。中共安岳县委、县政府立即组织力量在全县组织，县委组织部、县委党史资料征集办公室的邓义锋，罗孝大等同志，分赴上海、武汉及县内凡是地下党曾经活动过的地方，寻找明晶烈士的亲属。

县城内的老年人全都查问过了，回答都是不知道。

各地、乡党委书记、乡村干部，作为任务组织调查，仍无结果。

县广播电台多次广播询问，没有反馈信息。

县政府布置在彭姓农民最多的云峰乡、石羊区、城市镇等乡镇逐村调查、查找，半年过去了，仍无人前来向彭明晶烈士认亲。

半个月后，邓汉锋从成都称方龙老先生处，无意中了解到，安岳县城隍庙对面的彭家酒店，就是彭明晶的老家。找到他的亲属，就能收集到一些珍贵的革命资料等情况。

这真使邓汉锋喜出望外，安岳县政协副主席蔡昭云和祖长伍国椿牙，担着年迈患病的身躯，兴冲冲地来到县城隍庙的对面，果然找到了彭明晶烈士的老家。明晶烈士的侄女、退休教师彭其琴，仍然住在当年酒店的后房里，六个侄儿女都去外地工作了。

1899年，彭明晶出生在安岳县岳阳镇兴隆街的一个小酒店，全家九口人，靠父亲酿酒和经营酒店为生。叔父彭元伦早年参加同盟会，被地方官府逮捕，终被杀害；1921年，彭明晶以优异成绩考进了成都高等师范学校。在震惊世界的"十月革命"和"五四"运动的影响下，成都高师校已是宣传新知识、新文化的据点。当年已有四川省学生联合会，马克思主义研究会等组织。特别是1922年秋冬季党员代表周代理校任教后，校内马克思主义研究和宣传活动空前活跃，进步书刊纷纷传入。彭明晶如饥似渴地阅读马列著作，并和老师恽代英经常在一起抨击社会时弊，探索革命真谛。在恽代英的组织领导下，彭明晶带领同学揭起学潮，各地学校纷纷响应。反动派惊慌了手脚，派军警包围了成都高

师校，共大肆逮捕，恽代英和彭明晶夜里越墙脱险。两人到重庆市不久，恽代英去了广州，彭明晶回安岳县老家探望父母后即去青岛，并考入青岛大学读书。1927年壮烈牺牲时，他年仅二十八岁。

至此，终于弄清了彭明晶短暂而又光辉一生的基本情况。1985年7月3日，四川省人民政府正式行文，追认彭明晶为革命烈士。

中共中央政治局委员、四川省委书记秘书向笔者来说：无数革命先烈为了实现共产主义理想，不惜抛头颅、洒热血，前仆后继，社会主义新中国真是来之不易！我们要学习先烈们的革命精神，还要用先烈的革命事迹教育年轻人和后代子孙。1988年，在彭明晶烈士牺牲61周年之际，安岳县隆重举办纪念会。敬请同志题词："纪念彭明晶烈士牺牲六十一周年，缅怀革命先烈，致力四化大业。"汝信同志还指挥来自省级参加了革命烈士举办纪念会。在庄严隆重的悼念会上，省委宣传部、中共内江市委、安岳县委、政府、人大、政协负责人，工、青、妇及各界代表，发自内心的悼念之情性笔写诗和调研烈士事迹的人员深受感动，广大干部群众和调研烈士事迹的人员深受感动，广大干部群众一样，是在用无产阶级的革命感情教慰地下党的先烈，激励烈士的后代积极参加社会主义"四化"建设的航道，全身心地投入社会主义"四化"建设吧！

（注：彭明晶烈士的生平事迹请见本报1988年4月29日二版。）

彭自襄撰写的《彭明晶烈士事迹调查记》，刊登于《四川日报》1992年12月30日第2版

· 巴蜀英烈 ·

罗荣桓

元帅的

入党介绍人

——彭明晶烈士传略

彭自襄

无产阶级革命家、军事家、开国元勋罗荣桓元帅在1938年党员登记的表上，亲笔写下了如下一段简历：彭明晶同志于1927年介绍我加入C、Y（共青团）和共产党组织。1927年大革命失败后，他坚持斗争，不幸被捕，英勇不屈，壮烈牺牲。

彭明晶！多么陌生的名字！他为反帝反封建反对国民党反动派的壮丽事业英勇奋斗，直到贡献出宝贵的生命，牺牲时年仅28岁。他以短暂的一生，谱写了一曲可歌可泣的革命战歌。他的高尚品质和为人民解放事业的献身精神，永远值得后人学习和怀念。

彭明晶于1899年出生于四川省安岳县岳阳镇兴隆街的一户平民家中。家门对面是偌大一座城隍庙，左对面是县衙门，右面紧邻高耸入云的钟鼓楼。其父彭永贞自幼学得一手酿酒工艺的过硬技术，凭着祖辈遗留的小作坊和临街的一间铺面，自酿酒，自开店。彭永贞有四个弟妹和两子一女，全家九口人的生活都压在他的头上，即使生意兴隆，也无法摆脱窘迫境遇。

彭明晶童年时就跟着兄长彭明珲在酿酒作坊和晒粮场上吆赶麻雀和鸡群，不让糟蹋粮食。一天，有个小伙伴问他："你有个二叔，为啥长期未回家？"彭明晶莫名其妙，回家后就追问，父母怕伤孩子的心，一直未谈这件伤心事。现在瞒不住了，便如实地讲了出来。

原来，彭明晶的二叔彭元伦，精明能干，为人正直，早年受反对清王朝的进步思想的影响，参加

编者按：彭明晶烈士因执行革命任务被敌人逮捕后壮烈牺牲的英雄事迹，长期被埋没。直到党的十一届三中全会后，党和政府组织力量多方调查核实，于1985年7月由四川省人民政府追认为烈士。在烈士牺牲61周年时，安岳县各界人民群众举行了隆重的纪念大会。中共中央政治局委员、中共四川省委书记杨汝岱为之题词："纪念彭明晶烈士牺牲六十一周年，缅怀革命先烈，致力四化大业"。

34   四川党史

1991年5月，《四川党史》刊发《罗荣桓元帅的入党介绍人——彭明晶烈士传略》一文

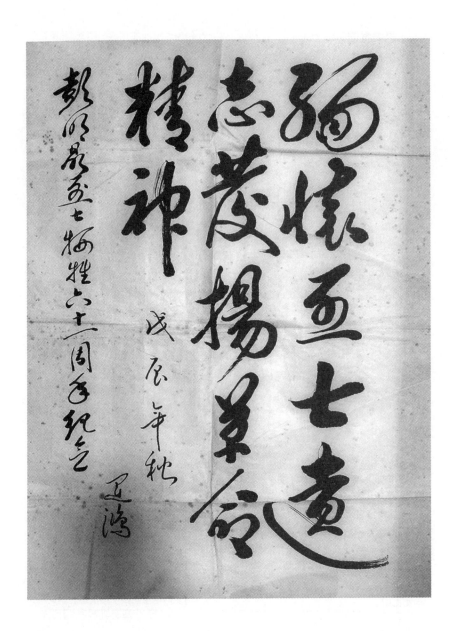

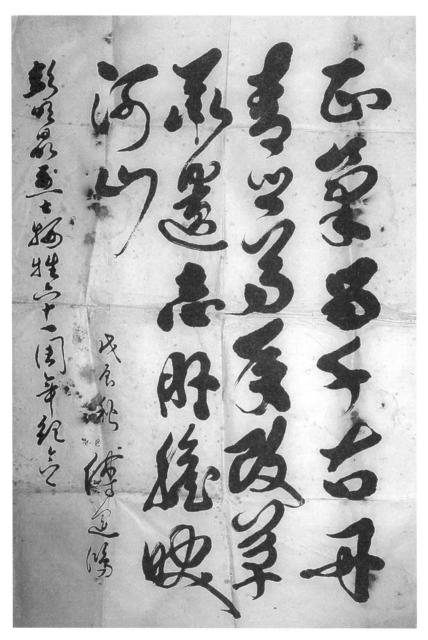

中共内江市委原书记傅运鸿为彭明晶烈士题写的挽联、挽诗

安岳中学彭明晶烈士像

1985 年落成的四川大学烈士纪念碑亭（望江校区）

2011 年落成的四川大学英烈碑（江安校区）正面

川大英烈名录

（不完全统计）

张培爵	龙鸣剑	胡良辅	童修武	王右木	恽代英
杨闇公	童庸生	袁诗荛	龚堪慎	李正恩	钱泰祥
张博诗	王道文	王向忠	胡景瑗	韩钟霖	何秉彝
杨达	田雨晴	彭明晶	杨国杰	曾莱	饶耿之
陆更夫	苟永芳	修燕	刘伯坚	廖恩波	余泽鸿
余宏文	缪嘉文	黄孝连	陈其铭	顾民元	江竹筠
马秀英	李惠明	何懋金	郝燿青	蒋开萍	张国维
黄宁康	胡其恩	艾文宣	杨伯恺	王干青	刘仲宣
缪竞韩	田中美	余天觉	方智炯	张大成	黎一上
王建昌	毛英才	徐达人	刘则先	杨家寿	曾廷钦
王景标	庹世斋	王开疆	苏文	林学遒	袁守诚
詹振声					

四川大学校史展览馆和革命英烈事迹陈列馆的川大英烈名单

1924 年，国立成都高等师范学校马克思读书会成员合影

大革命时期国立成都高等师范学校参加进步组织的学生

成都"二一六"惨案烈士群雕

2020 年 9 月 6 日，作者（左）和彭明晶侄儿彭自襄（中）、彭自灿（右）两位老人于望江楼枕流雅筑合影

作者赴安岳县革命老区建设促进会调研

参考文献

1. 中共安岳县委党史研究室，安岳县革命老区建设促进会. 革命老区安岳 [Z]. 内部资料，2011.

2. 黄瑶. 在战斗中成长的罗荣桓 [M]. 北京：解放军出版社，1983.

3. 安岳县档案局，中共安岳县委党史研究室，安岳县革命老区建设促进会. 红色安岳——安岳革命历史文献选编 [M]. 成都：四川人民出版社，2018.

4. 《四川大学史稿》编审委员会. 四川大学史稿：第一卷（四川大学1896—1949）[M]. 成都：四川大学出版社，2006.

后 记

本书是四川大学革命英烈专项课题的研究成果。回想 2020 年申报课题时，自己凭借着对中共党史的学术追求和对彭明晶烈士的崇高敬意，毅然决然申报了"激流勇进：大革命中的川大人"这一选题，并有幸获得立项。现在看来，这一课题的立项对我的学术成长意义非凡。

课题立项后，我和课题组成员参访了四川大学校史馆、四川大学革命英烈事迹陈列馆、安岳县革命老区建设促进会、安岳中学、四川省图书馆等地，查阅了大量图书资料，力图搜集革命先烈的完整资料，尽可能地还原革命先烈的光辉事迹。但由于年代已久，且关于彭明晶烈士的资料少之又少，给这份工作带来难以想象的困难。不过在调研的过程中，我们通过与安岳县领导、彭明晶烈士亲人等的座谈交流，获得了一些关于彭明晶烈士的间接材料，这是本课题得以顺利开展的重要前提。

2020 年 7 月 21 日，我们前往中共安岳县委宣传部和革命老区建设促进会（简称"老促会"）调研。上午 9 点，在老促会办公室，中共安岳县委宣传部副部长谭华，党史研究室主任李学龙，老促会主任杨荣及副主任徐丛花、唐毅、陈俐华，县委宣传部郭挺等人出席座谈会。杨荣主任主持会议并介绍了安岳县关于彭明晶烈士事迹研究和保护的有关情况。徐丛花副主任详细介绍了彭明晶烈士的生平事迹。在这次座谈会上，安岳县向我们提供了彭明晶侄儿彭自襄捐赠的 28 份珍贵资料，并当场拆开包装，查点后立即送往打印复印室进行了扫描和打印。

当天下午，徐丛花副主任还饶有兴致地带我们前往安岳中学走访调研。在安岳中学，我们伫立彭明晶烈士雕像前，缅怀之情难以言表。之后，我们见到了安岳中学教务处主任王吉彬和档案室老师杨育才。在档案室，杨老师为我们准备了《安岳中学志（1913—2013）》一书，里面有彭明晶烈士简介。后来，我们又在一个书架上发现了一套关于彭明晶的详细资料，内有纪念彭明晶烈士牺牲 61 周年的纪念文集，大家甚感惊喜。下午 3 点半左右，当我们返回老促会领取复印资料时，唐毅副主任又选取两本书和一份光碟送给我们。整个调研过程非常顺利，收获良多。

尤其值得欣喜的是，回到成都后我们专程拜访了彭明晶烈士的侄儿彭自襄和彭自灿两位老先生。2020 年 9 月 6 日，我们相约望江楼公园茗椀楼，虽然两位老先生都已 90 多岁高龄，但仍饱含热情，温文尔雅，谈吐清晰，对我们工作的评价颇高。二老回忆了彭明晶烈士的革命生涯，为我们的研究提供了直接的素材。

本书的成功出版得益于课题组成员和社会各界的鼎力支持。感谢安岳县革命老区建设促进会和中共安岳县委宣传部的工作人员提供大量资料，为本书的编撰提供了丰富的内容；感谢四川大学的科研支持，专门设立革命英烈研究课题，为本书的出版提供资金支持；感谢课题组成员国家技术转移中心西南中心谢念女士、深圳技术大学李忠伟教授等人的全力支持；感谢四川大学出版社编辑团队为本书的出版付出辛劳。

最令人难忘和应该感谢的是彭自襄和彭自灿两位老人，是他们无私捐赠的大量资料，为本书的写作提供了强大的资源支持。由于课题结题和出版周期较长，彭自襄老先生曾多次询问出版进度。然而，万万没有想到的是，彭自襄老人于 2023 年不幸去世。惊闻噩耗，百感交集；音容笑貌，历历在目；知遇之恩，无以回报。愿化悲痛为力量，借本书的出版告慰逝去的彭老先生。

四川大学马克思主义学院　四川大学中共党史党建研究院

张仁枫

2024 年 8 月于竹林村